JN411350

동사별로 공부하는

독일어 작문연습

2

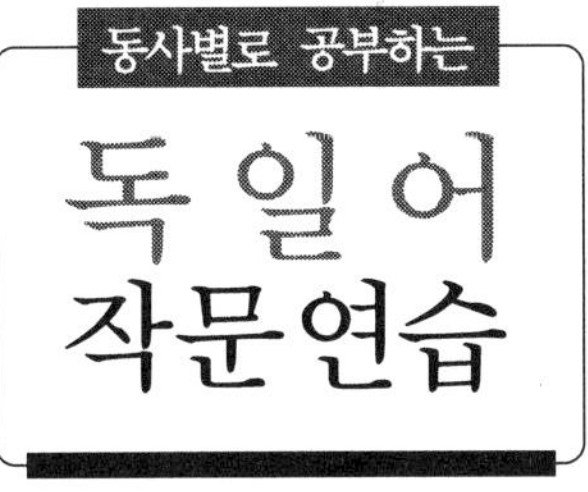

2

Starke Verben und Präfixverben

김경욱 편저
(한국외국어대학 독어교육과 교수)

한국문화사

저자와의
협의하에
인지생략

동사별로 공부하는
독일어
작문연습 2

1판1쇄 발행 2008년 5월 15일
1판2쇄 발행 2015년 8월 30일

편 저 자 김 경 욱
펴 낸 이 김 진 수
펴 낸 곳 **한국문화사**
등 록 1991년 11월 9일 제2-1276호
주 소 서울특별시 성동구 광나루로 130 서울숲 IT캐슬 1310호
전 화 (02)464-7708 / 3409-4488
전 송 (02)499-0846
이 메 일 hkm7708@hanmail.net
홈페이지 www.hankookmunhwasa.co.kr

책값은 뒤표지에 있습니다.

ISBN 978-89-5726-531-4 93750

이 도서의 국립중앙도서관 출판예정도서목록(CIP)은 서지정보유통지원시스템
홈페이지(http://seoji.nl.go.kr)와 국가자료공동목록시스템(http://www.nl.go.kr/kolisnet)에서
이용하실 수 있습니다.(CIP제어번호: CIP2008000547)

서문

독일어를 공부하는 한국의 대학생 또는 대학원생들이 독일어 강변화 동사들과 강변화동사들을 '토대동사 Basisverb'로 삼은 '접두어 동사 Präfixverben'의 구문과 용법의 차이를 쉽게 알 수 있게 하는 한 편, 독일어접두어동사들 상호간의 구문의 차이와 그에 따른 의미의 차이를 깨닫게 하여 이 동사들을 가지고 독일어 문장작문을 할 때에 문법적으로 옳게 할 수 있도록 도움을 줄 것을 기대하며 이 책을 만든다. 그리고 접두어동사들로 이루어지는 여러 '의미 변이체'들은 과연 어떤 구문적 동사가를 가지고 있고, 동사보충어들은 어떤 형태로 실현될 수 있는지를 밝히고, 또한 어떤 의미들을 가지고 있는지를 알기위해 다음과 같이 다양한 참고서적과 사전들을 이용하였다. 강변화 동사들을 알파벧 순서로 나열하여놓고, 그 강변화 동사들을 '토대동사 Basisverb'로 하여 만들어진 '접두어 동사들 Präfixverben'을 소개하고 있는 『ABC der starken Verben, Ismaning, 1976』을 토대로 하되, 여기에서 한국 사람에게 중요한 단어들만을 골라내고, 『모델독한사전, 서울, 2000』(=모델), 『Duden. Deutsches Universalwörterbuch. 2. Aufl. Mannheim; Wien; Zürich: Dudenverlag, 1989』(Duden, Universal), 『Duden. Das große Wörterbuch der deutschen Sprache in 6 Bänden. Mannheim; Wien; Zürich: Dudenverlag, 1976』(Duden, 6 Bände), 『Langenscheidts Großwörterbuch. Deutsch als Fremdsprache. Berlin; München, 1993』(=Langenscheidt), 『Wörterbuch Deutsch als Fremdsprache von Günter Kempcke. Berlin; New York: Walter de Gruyter, 2000』(Gruyter), 『Kleines Valenzlexikon deutscher Verben, von Ulrich Engel/Helmut Schumacher, Tübingen, 1978』(=KVL), 『Wörterbuch zur

Valenz und Distribution deutscher Verben, von Gerhard Helbig/Wolfgang Schenkel, Leipzig, 1978』(WV)등에서 필요한 예문들을 발췌하여 보충하였다. 특히 tragen, ziehen처럼 수많은 '의미 변이체 Bedeutungsvariante'를 가진 동사들은 그것들을 아주 상세하게 소개하고 있는 『Valenzwörterbuch deutscher Verben, Tübingen, 2004』(=VALBU)를 이용함으로써 동사가가 서로 다른 동사 의미 변이체들의 문장구조의 차이와 다양한 의미들에 대해서도 정확히 알 수 있게 하도록 노력했다.

나아가 예를 들어 '부인하다'라는 의미의 동사 *bestreiten*의 4격 보충어는 어떠한 '마지막 형태 terminale Struktur'들로 실현가능한지도 가르쳐주기 위해, 다음과 같은 예문들을 보충해주었다: (예) *Er bestreitet, mich gesehen zu haben*. (ABC der starken Verben, S. 119)만 가지고는 동사 *bestreiten* ('반박하다/부인하다')이 '4격 명사'와 'dass-문장'도 오게 할 수 있음을 알 수 없다. 그러므로 (WV, S. 203)에서 *Der Mathematiker bestreitet die Behauptung.* 과 *Er bestreitet, dass er im Kino war.*을 보충해주었음을 밝힌다. 그래야만, 학생들이 이런 문장의 작문도 가능함을 알 수 있을 것이다.

『독일어 작문연습 I』에서와 마찬가지로 '그'는 정관사로, '한' 또는 '한 개의'는 부정관사로 독일어로 옮기라는 뜻으로 이해해주기 바란다. 그러나 한국어에서는 독일어에서처럼 철저하게 독일어 정관사의 '대응어 Äquivalent'인 *그*를 사용하지는 않는다. 그리고 독일어의 부정관사는 분류해주는 기능을 가지고 있기 때문에 (예: *Sie ist eine schöne Frau*: '그녀는 아름다운 여인으로 분류될 수 있다'는 뜻이다') 비교적 자주 사용되는 반면에 한국어의 대응어인 *한* 또는 *한 개의* 는 한 개라는 숫자를 나타낼 때에만 사용되므로 독일어의 부정관사만큼 그렇게 자주 사용되지는 않는다. 그리고 철자법은 새로운 정서법에 의거해 쓰여졌음을 밝힌다. 그리고 독일어와 한국어의 차이에 대한 설명이 필요하거나 독일어문법이나 한국어문법의 설명이 필요한 곳에서는 *를 달고 간단하게 설명해주었다.

저자에게 항상 정확한 독일어를 가르쳐주시는 Norbert Richard Wolf 교수님과, 늘 다정하게 격려해주시는 한국외국어대학 독일어과의 여러 교수님들과, 늘 편저자 옆에서 변함없이 많은 격려와 도움을 아끼지 않는 아내에게도 감사의 마음을 전하고 싶다. 끝으로 이 책의 출판을 허락해준 MAX HUEBER VERLAG과 이 책의 편집과 인쇄를 맡아서 수고해주신 한국문화사의 김종훈 과장님과 최정미 과장님에게도 심심한 감사를 드리는 바이다.

이 교재의 개발은 2008학년도 한국외대 교내학술연구비의 지원에 의하여 이루어진 것임.

2008년 5월 10일 편저자 김경욱

[약어표]

‘ ’ = Paraphrase (의미풀이)
[ ] = die Angaben
~ = 표제어동사의 생략
* = 문법적 설명
/ = 양자택일의
(모델, 10쪽 참조) = 모델 10쪽을 참조하여 편저자가 고안해 만들어낸 예문임.
Er *hat sein Wort gebrochen* = 이태릭체는 숙어적으로 외워야 할 중요한 부분임을 나타낸다. 특히 완료형을 *haben*과 더불어 만드는지 또는 *sein*과 더불어 만드는지를 확실히 보여준다.
Akk. = Akkusativ
Ant. = Antonymie (반대말)
Dat. = Dativ
(*dazu*) = fakultative Korrelate (생략가능한 상관사)
Enom = Nominativergänzung
Edat = Dativergänzung
Eakk = Akkusativergänzung
Epräp(=*um*) = Präpositionalergänzung mit der Präposition *um*
Ebd. = Ebenda
etw[3]. = etwas Dativ
etw[4]. = etwas Akkusativ
FVG = Funktionsverbgefüge (기능동사 구문)
Geh. = Gehobene Sprache (경어체)
Gen. = Genitiv
geschr. = geschrieben (문어체)
gespr. = gesprochen (구어체)
I. = Idiomatische Redewendungen (관용구/숙어)
jd. = jemand
js. = jemands
jm. = jemandem
jn. = jemanden
lit. = literarisch (문학적)
papierdt. = papierdeutsch (격식 독어)
pej. = pejorativer oder abwertender Sprachgebrauch (폄어적 문체)
S. = Sache
sich[3] = Dativ sich
sich[4] = Akkusativ sich
(sich) = 생략 가능한 문장성분
Sprw. = Sprichwort (격언)
Syn. = Synonymie (동의어)
U. = Umgangssprache (통용어)
übertr. = übertragen (전의적 용법)
Vgl. = Vergleiche

bewegen 1 vs. bewegen 2 vs. bewegen 3

bewegen, bewog, bewogen (oder: bewegte, bewegt):

*과거분사형이 ge-t가 아니면, 약변화동사가 아니므로, bewog, bewogen 뿐만 아니라, bewegte, bewegt도 강변화동사에 속한다.

bewegen 1

bewegen, bewegte, bewegt = die Lage verändern

• 나는 내 팔을 움직일 수 없다.

▶ Ich kann meinen Arm nicht *bewegen*. (Die Muskeln arbeiten nicht.)

• 모터가 기계를 작동시킨다.

▶ Der Motor *bewegt* die Maschine. (Er treibt sie.)

• 그는 그 지레를 옆으로 움직인다.

▶ Er *bewegt* den Hebel nach der Seite.

• 나는 그 차를 그 장소에서 전혀 이동시킬 수 없다.

▶ Ich kann den Wagen kaum von der Stelle *bewegen*.

sich bewegen

• 가격이 20유로와 25유로사이에서 유동적이었다.

▶ Der Preis *bewegte sich* zwischen 20 und 25 Euro. (Er schwankte.)

• 이제 그 상인은 다시 부채에서 해방되었다.

▶ Jetzt kann *sich* der Kaufmann wieder *bewegen*. (Jetzt ist er frei von Schulden; I.)

bewegen 2

bewegen, bewegte, bewegt = innerlich rühren

• 너의 방문이 나를 감동시켰다.

▶ Dein Besuch *hat* mich sehr *bewegt*.

• 그 강연이 청중들을 감동시켰다.

▶ Der Vortrag *bewegte* die Zuhörer. (WV)

• 네가 그렇게 아픈 것을 보니 내 마음이 아프다.

▶ Es *hat* mich sehr *bewegt*, dich so krank zu sehen. (KVL)

• 네가 나를 방문한 것이 내 마음을 아주 감동시켰다.

▶ Es *hat* mich sehr *bewegt*, dass du mich besucht hast.

bewegen 3

bewegen, bewog, bewogen = zu einem bestimmten Entschluss bringen

• 그의 비평적 말들이 나로 하여금 곰곰이 생각하도록 만들었다.

▶ Seine kritischen Worte *bewogen* mich *zum Nachdenken*. (KVL)

• 그는 나로 하여금 그를 방문하게 내 마음을 움직였다.

▶ Er *bewog* mich (*dazu*), ihn zu besuchen. (KVL)

• 그는 내가 그녀에게 나의 나쁜 태도에 대해 사과하도록 내 마음을 움직였다.

▶ Er *bewog* mich *dazu*, *dass* ich mich bei ihr für mein schlechtes Benehmen entschuldigte. (Duden, 6 Bände)

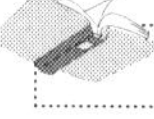

**dazu*는 *dass*-문장이 뒤에 오면 생략될 수 없다.

• 그 선생님은 그 학생이 진실을 말하도록 만들었다.

▶ Der Lehrer *bewog* den Schüler (*dazu*), die Wahrheit zu sagen. (Er brachte ihn dazu.)

*상관사 (*dazu*)는 'Infinitiv mit *zu* (*zu*를 가진 부정형)'이 뒤에 오면 생략이 가능하다.

• 무엇이 그를 여행을 떠나게 만들었는가?

▶ Was *hat* ihn wohl *zur* Abreise *bewogen*? (Duden, 6 Bände)

• 무엇이 삼촌이 집으로 돌아오도록 했던가?

▶ Was *bewog* den Onkel *zur* Heimfahrt?

*ABC der starken Verben에서는 bewegen 1과 bewegen 3의 예문만 있어, bewegen 2의 예문을 편저자의 "독일어 Valenz 문법"의 부록(Valenzwörterbuch, 123f.쪽)에서 보충했음.

002 biegen vs. abbiegen vs. einbiegen vs. verbiegen

biegen, bog, gebogen

• 노동자들은 철봉을 구부렸다.

▶ Die Arbeiter *haben* die Eisenstange *gebogen*. (Sie formten sie.)

*우리말에서는 독일어의 정관사에 해당하는 '그'가 독일어와는 달리 그렇게 자주 쓰이지는 않는다. 그러나 일정한 텍스트안의 일정한 사물을 가리킬 때에는 한국어에서도 '그'를 꼭 사용해야 할 것이다.

• 자전거 타는 사람은 골목을 돌아갔다.

▶ Der Radfahrer *ist* um die Ecke *gebogen*. (Er fuhr um die Ecke.)

sich ~

• 사과나무는 과일들의 무게에 휜다.

▶ Der Apfelbaum *biegt sich* unter der Last der Früchte. (Er beugt sich.)

• 그 애들은 박장대소한다.

▶ Die Kinder *biegen sich* vor Lachen. (Sie lachen sehr; U., I.)

• 그의 거짓말은 심하다.

▶ Er lügt, dass *sich die Balken biegen*. (Er lügt sehr; I.)

abbiegen

• 우회전 하십시오!

▶ *Biegen* Sie rechts *ab*! (Fahren Sie in die rechte Straße!)

• 그 외교관은 대화를 다른 테마로 옮겼다.

▶ Der Diplomat *bog* das Gespräch *ab*. (Er brachte es auf ein anderes Thema.)

einbiegen

• 다음 거리로 들어가십시오!

▶ *Biegen* Sie in die nächste Straße *ein*! (Fahren Sie in die nächste Straße!)

verbiegen

• 그 애는 그 숟가락을 구부려 망가뜨렸다.

▶ Das Kind *verbog* den Löffel! (Es brachte ihn aus der Form.)

bieten vs. anbieten vs. darbieten vs. verbieten

bieten, bot, geboten

• 그 구매자는 그 오토바이를 2000유로에 사겠다고 제안했다.

▶ Der Käufer *bot* 2000 Euro für das Motorrad. (Er wollte soviel bezahlen.)

• 가르미쉬는 관광객들에게 많은 겨울스포츠의 가능성들을 제공한다.

▶ Garmisch *bietet* den Touristen viele Wintersportmöglichkeiten. (=Es gibt dort viele Wintersportmöglichkeiten.)

anbieten

• 그 소년이 나에게 그의 자리를 양보했다.

▶ Der Junge *bot* mir seinen Platz *an*. (Er stand meinetwegen auf.)

darbieten

• 그 여가수에 의해 노래 한 곡이 불러졌다.

▶ Von der Sängerin wurde ein Lied *dargeboten*. (Sie sang ein Lied.)

verbieten

• 시당국이 잔디 밟는 것을 금지한다.

▶ Die Stadtverwaltung *verbietet* das Betreten des Rasens. (Sie erlaubt es nicht.)

bitten vs. abbitten vs. ausbitten vs. erbitten vs. hereinbitten

bitten, bat, gebeten

• 나는 너에게 청이 있다.

▶ Ich *bitte* dich sehr. (Ich habe einen Wunsch.)

• '고맙다'는 말에 대한 대답: 천만에요!

▶ *Bitte sehr*! (Antwort auf 'Danke'.)

• 어머니는 그 손님들을 식탁으로 부른다.

▶ Die Mutter *bittet* die Gäste *zu Tisch*. (Sie sagt, sie sollen zum Essen kommen.)

~um etw.

• 그 거지는 빵을 구걸한다.

▶ Der Bettler *bittet um* Brot. (Er möchte Brot haben.)

• 나는 조용히 해줄 것을 요구하는 바이오!

▶ Ich *bitte um* Ruhe! (Ich verlange Ruhe!)

• 그 국회의원은 발언권을 요구한다.

▶ Der Abgeordnete *bittet um* das Wort. (Er möchte sprechen.)

• 그 학생은 선생님에게 용서를 빌었다.

▶ Der Schüler *hat* den Lehrer *um* Verzeihung *gebeten*. (Er hat sich entschuldigt.)

*bitten은 원래 '3가동사'로서 'Enom. Eakk, Epräp(=*um*)'을 요구하지만, 위의 예문들이 보여주듯이 상황에 따라서는 '4격 보충어 Eakk'는 자주 생략이 가능하다.

abbitten

• 나는 너에게 용서를 빌어야 한다.

▶ Ich habe dir vieles *abzubitten*. (Ich muss dich um Verzeihung bitten.)

ausbitten

sich³ etw ~

• 나는 이제 방해를 받고 싶지 않다.

▶ Ich *bitte mir* Ruhe *aus*! (Ich verlange Ruhe!)

erbitten

sich³ etw. erbitten

• 나는 생각할 시간을 부탁했다.

▶ Ich *erbat mir* Bedenkzeit. (Ich bat darum.)

*sich³ etw. erbitten은 '무연(無緣) 재귀구조 unmotivierte Reflexivkonstruktion', 즉 숙어적 결합이다.

hereinbitten

• 베르거 씨에게 들어오라고 말하세요!

▶ *Bitten* Sie Herrn Berger *herein*! (Sagen Sie ihm, er soll hereinkommen!)

verbitten

sich³ etw. ~

• 아버지는 아들의 나쁜 태도를 더 이상 참지 못하겠다고 말한다.

▶ Der Vater *verbittet sich* das schlechte Benehmen des Sohnes. (Er sagt, dass er es nicht dulden will.)

bleiben vs. aufbleiben vs. ausbleiben vs. fernbleiben vs. verbleiben vs. zurückbleiben

bleiben, blieb, geblieben

• 그는 도대체 어디에 있는가?/왜 그는 오지 않는가?)

▶ Wo *bleibt* er denn? (Wo ist er? Warum kommt er nicht?)

~ bei jm.

• 잉게는 어제 그녀의 친척들 집에서 묵었다

▶ Inge *ist* gestern *bei* ihren Verwandten *geblieben*. (Sie hat die Nacht dort verbracht.)

• 아무런 변경사항이 없다.

▶ *Es bleibt dabei!* (Es wird nichts geändert.)

• 테마에서 벗어나지 마라!

▶ *Bleibe bei der Sache!* (Weiche nicht vom Thema ab!)

• 그는 그의 계획을 고수하였다.

▶ Er *ist bei der Stange geblieben*. (Er ist nicht von seinem Vorhaben abgegangen; I.)

aufbleiben

• 그 애들은 저녁에 즐겨 깨어 있으려고 한다.

▶ Die Kinder wollen abends gern *aufbleiben*. (Sie wollen nicht ins Bett gehen.)

• 그 창문은 열려져 있어야 한다.

▶ Das Fenster soll *aufbleiben*. (Man soll es nicht schließen; U.)

ausbleiben

• 기다렸던 편지는 오지 않았다.

▶ Der erwartete Brief *blieb aus*. (=Er kam nicht.)

• 리자는 저녁에 늦게 집에 왔다.

▶ Lisa *blieb* abends lange *aus*. (Sie kam spät nach Hause.)

fernbleiben

• 그 장관은 회의에 의도적으로 불참했다.

▶ Der Minister *blieb* der Konferenz *fern*. (Er kam mit Absicht nicht.)

verbleiben

• 존경하는 마음으로....

▶ Wir *verbleiben* mit vorzüglicher Hochachtung... (Schluß eines Geschäftsbriefes)

zurückbleiben

• 그 개는 우리 뒤에 쳐진다.

▶ Der Hund *bleibt* hinter uns *zurück*. (Er läuft nicht so schnell wie wir.)

• 그 애는 지능장애아이다.

▶ Das Kind *ist* geistig *zurückgeblieben*. (Es ist geistig nicht so entwickelt wie seine Altersgenossen.)

braten vs. anbraten vs. durchbraten

braten, briet, gebraten

• 어머니는 거위 한 마리를 굽는다.

Die Mutter *brät* eine Gans. (Sie bräunt sie im Herd.)

• 소녀는 햇볕 속에서 일광욕한다.

Das Mädchen lässt sich in der Sonne *braten*. (Es will braun werden.)

anbraten

• 여자요리사는 그 고기를 살짝 굽는다.

Die Köchin *brät* das Fleisch *an*. (Sie brät es kurz.)

durchbraten

• 내 스테이크를 완전히 익혀주세요!

Bitte, *braten* Sie mein Steak *durch*! (Es soll innen nicht mehr blutig sein!)

brechen vs. abbrechen vs. anbrechen vs. aufbrechen vs. ausbrechen vs. durchbrechen vs. einbrechen vs. erbrechen vs. gebrechen vs. hereinbrechen vs. losbrechen vs. unterbrechen vs. verbrechen vs. zerbrechen vs. zusammenbrechen

brechen, brach, gebrochen

• 그 배의 돛대는 폭풍우속에서 부러졌다.

▶ Der Mast des Schiffes *ist* im Sturm *gebrochen*. (Er knickte in zwei Teile.)

• 나는 가난한 사람들의 곤경을 보면, 내 마음이 아프다.

▶ *Mir bricht das Herz*, wenn ich die Not der armen Menschen sehe. (Das Herz tut mir weh; I.)

*Mir는 '소유의 3격'이며, '신체의 일부'나 '의복'의 소유주를 나타낸다.

• 그는 죽음을 맞는다.

▶ *Sein Auge bricht*. (Er stirbt; I.)

• 달이 구름들 사이로 갑자기 나왔다.

▶ Der Mond *brach* aus den Wolken. (Er kommt plötzlich hervor.)

• 그 주자가 지금까지의 기록을 깼다.

▶ Der Läufer *bricht* den Rekord. (Er schlägt den bisher Schnellsten.)

• 아버지가 그의 아들의 고집을 꺾는다.

▶ Der Vater *bricht* den Trotz seines Sohnes. (Er macht ihn durch Strenge gehorsam.)

• 그 상인이 그 계약을 깨뜨렸다/위반했다.

▶ Der Kaufmann *brach* den Vertrag. (Er verletzte ihn.)

• 그는 그의 약속을 깨었다.

▶ Er *hat* sein Wort *gebrochen*. (Er hielt sein Versprechen nicht.)

• 그 남자는 간통을 하였다.

▶ Der Mann *hat* die Ehe *gebrochen*. (Er hat seine Frau betrogen.)

*수동태의 주어로 바꾸어지는 '4격 보충어'를 요구하는 동사를 '타동사'라고 부르며, 타동사는 *haben*과 함께 완료형을 만든다.

• 한 사람에 대해서 너무 성급하게 유죄판결을 내리지마라!

▶ *Brechen* Sie nicht so schnell *den Stab* über einen Menschen! (Verurteilen Sie ihn nicht zu schnell; I.)

sich ~

• 그 운동선수는 자신의 다리를 부러뜨렸다.

▶ Der Sportler *hat sich* das Bein *gebrochen*. (Er hat sich den Knochen verletzt.)

• 파도는 그 바위에서 부서졌다.

▶ Die Wellen *brachen sich* an dem Felsen. (Sie prallten dagegen und schlugen zurück.)

• 선(善)이 승리한다.

▶ Das Gute *bricht sich Bahn*. (Es macht sich einen Weg; es siegt.)

mit jm. ~

• 우리는 이 가정과 관계를 끊었다.

▶ Wir *haben mit* dieser Familie *gebrochen*. (Wir haben unsere Beziehungen gelöst.)

abbrechen

• 그 소년들은 그 나무에서 가지 한 개를 꺾었다.

▶ Die Jungen *brachen* einen Ast von dem Baum *ab*. (Sie rissen ihn ab.)

• 미장이들이 그 집을 헐고 있다.

▶ Die Maurer *brechen* das Haus *ab*. (Sie reißen es ein.)

• 화가 난 그 경찰관이 대화를 갑자기 중단했다.

▶ Der wütende Polizist *hat* die Unterredung *abgebrochen*. (Er hat sie plötzlich beendet.)

• 그 상인은 그의 상품조달회사에 대한 관계들을 갑자기 단절한다.

▶ Der Kaufmann *bricht* seine Beziehungen zu seiner Lieferfirma *ab*. (Er kauft nicht mehr bei ihr.)

• 심판은 그 경기를 중단시켰다.

▶ Der Schiedsrichter *brach* das Spiel *ab*. (Er beendete es vorzeitig.)

anbrechen

• 동이 트기 시작한다.

▶ Der Tag *bricht an*. (Er beginnt.)

• 한 새로운 시대가 시작했다.

▶ Eine neue Zeit *ist angebrochen*. (Sie hat begonnen.)

> *'장소의 이동'이나 '상태의 변화'를 초래하는 자동사는 완료형을 *sein*과 함께 만든다.

• 아버지는 새 시가케이스 한 개를 뜯었다.

▶ Der Vater *hat* eine neue Kiste Zigarren *angebrochen*. (Er nimmt die erste Zigarre heraus.)

aufbrechen

- 꽃 봉우리가 터진다.

  ▶ Die Knospe *bricht auf*. (Sie öffnet sich.)

- 그 상처에서 다시 피가 나기 시작했다.

  ▶ Die Wunde *ist* wieder *aufgebrochen*. (=Sie beginnt wieder zu bluten.)

- 우리는 그 문을 부셔 열어야 한다.

  ▶ Wir müssen die Tür *aufbrechen*. (Wir müssen das Schloss mit Gewalt öffnen.)

- 나는 7시 정각에 도보여행을 출발하였다.

  ▶ Ich *bin* um sieben Uhr zu einer Wanderung *aufgebrochen*. (Ich bin um sieben Uhr fortgegangen.)

ausbrechen

- 그 전쟁은 1939년에 발발했다.

  ▶ Der Krieg *brach* 1939 *aus*. (Er begann 1939.)

- 그 범인은 감옥에서 탈옥했다.

  ▶ Der Verbrecher *ist* aus dem Gefängnis *ausgebrochen*. (Er ist geflohen.)

in etw. ~

- 어머니는 울음보를 터뜨렸다.

  ▶ Die Mutter *ist in Tränen ausgebrochen*. (Sie begann heftig zu weinen.)

durchbrechen: (trennbar und untrennbar)

- 베르너는 그 연필을 두 조각으로 부러뜨렸다.

  ▶ Werner *hat* den Bleistift *durchgebrochen*. (Er brach ihn in zwei Teile.)

• 그 싸움에서 그의 진짜 성격이 나타났다.

▶ Bei dem Streit *brach* sein wahrer Charakter *durch*. (Sein Charakter zeigte sich.)

• 그 군중은 경찰의 차단벽을 돌파했다.

▶ Die Menschenmenge *durchbrach* die Absperrung der Polizei. (Sie überrannte die Polizei; sie bahnte sich einen Weg.)

• 태양이 구름들을 뚫고 나타났다.

▶ Die Sonne *hat* die Wolken *durchbrochen*. (Sie ist aus den Wolken getreten.)

einbrechen

• 그 애는 스케이팅하다가 물에 빠졌다.

▶ Das Kind *ist* beim Eislaufen *eingebrochen*. (Das Eis brach, und das Kind versank im Wasser.)

in etw. ~

• 도둑이 그 상점에 침입했다.

▶ Der Dieb *brach in den* Laden *ein*. (Er öffnete ihn mit Gewalt, um zu stehlen.)

erbrechen

• 봉인이 개봉되어/뜯겨져 있었다.

▶ Das Siegel *war erbrochen*. (Man hatte es mit Gewalt geöffnet; lit.)

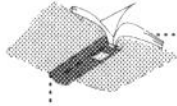

**sich erbrechen*= sich übergeben '토하다'

• 흥분한 나머지 그녀는 토해야만 했다.

▶ Vor Aufregung musste sie *sich erbrechen*." (Langenscheidt, S. 287)

• 비행 중에 많은 승객들은 토했다.

▶ Während des Flugs *haben sich* viele Passagiere *erbrochen*. (Es wurde ihnen schlecht, sie übergaben sich.)

gebrechen

es gebricht jm. an etw.

• 홍수지역의 사람들에게는 옷과 음식이 부족하다.

▶ Den Menschen im Hochwassergebiet *gebricht es an* Kleidung und Nahrung. (Beides fehlt ihnen.)

hereinbrechen

• 밤이 빠르게 밀려 왔다.

▶ Die Nacht *ist* schnell *hereingebrochen*. (Es dunkelte schnell.)

über jn./etw. ~

• 그 제방이 무너졌을 때, 큰 불행이 그 주민들 위로 들이닥쳤다.

▶ Ein großes Unglück *brach über* die Bewohner *herein*, als der Damm riss. (Sie kamen in große Not.)

losbrechen

• 폭풍우는 예상치 않게 갑자기 시작되었다.

▶ Der Sturm *brach* unerwartet *los*. (Er begann plötzlich.)

• 분노의 물결이 갑자기 터졌다.

▶ Ein Sturm der Entrüstung *ist losgebrochen*. (Alle waren empört.)

unterbrechen

• 전기 공급이 끊겼다.

▶ Der Strom wurde *unterbrochen*. (Die Stromversorgung wurde gestört.)

• 경작지와 늪지들은 서로 번갈아가며 나타난다.

▶ Die fruchtbare Ebene wird von Sümpfen *unterbrochen*. (Ebene und Sümpfe wechseln ab.)

• 내가 그것에 대해 한 말씀해도 좋겠습니까?

▶ Darf ich Sie *unterbrechen*? (Darf ich etwas dazu sagen?)

verbrechen

• 그 남자는 무슨 죄를 저질렀습니까?

▶ Was *hat* der Mann *verbrochen*? (Was hat er Böses getan?)

zerbrechen

• 그 잔은 땅위에 떨어져서 깨졌다.

▶ Das Glas *ist* auf den Boden gefallen und *zerbrochen*. (Es ging kaputt. Glas, Porzellan.)

**zerbrechen*은 여기에서 '상태의 변화'를 나타내는 자동사이므로 *sein*과 완료형을 만든다.

• 그 하녀는 한 개의 컵을 깨뜨렸다.

▶ Das Dienstmädchen *hat* eine Tasse *zerbrochen*. (Sie hat sie kaputt gemacht.)

*여기에서는 *zerbrechen*이 '4격 보충어'를 요구하는 타동사이므로 *haben*과 완료형을 만든다.

• 나는 그 작문 때문에 머리가 아프다.

▶ Ich *zerbreche mir den Kopf über* den Aufsatz. (Ich denke angestrengt darüber nach.)

*mir*는 *den Kopf*의 소유주를 나타내는 '소유의 3격'이다.

an etw. ~

• 그는 그의 운명 때문에 좌절했다.

▶ Er *ist an* seinem Schicksal *zerbrochen*. (Er ist mutlos geworden.)

zusammenbrechen

• 그 다리는 무너졌다.

▶ Die Brücke *ist zusammengebrochen*. (Sie ist eingestürzt.)

• 그 회사는 도산한다.

▶ Die Firma *bricht zusammen*. (Sie macht Konkurs.)

• 피고는 증거들의 무게에 못 이겨 허물어졌다(=고백했다).

▶ Der Angeklagte *brach* unter der Last der Beweise *zusammen*. (Er gestand.)

008

brennen vs. abbrennen vs. anbrennen vs. ausbrennen vs. durchbrennen vs. entbrennen vs. niederbrennen vs. verbrennen

brennen, brannte, gebrannt

• 그 집이 불타고 있다.

▶ Das Haus *brennt*. (Es steht in Flammen.)

• 그 난로는 난방이 잘 된다.

▶ Der Ofen *brennt* gut. (Er heizt das Zimmer gut.)

• 전기불이 켜져 있었다.

▶ Das Licht *brannte*. (Es war eingeschaltet.)

• 커피 굽는 장치가 커피를 갈색으로 굽는다.

▶ Die Rösterei *brennt* den Kaffee. (Sie röstet ihn.)

• 그 공장이 벽돌을 굽는다.

▶ Die Fabrik *brennt* Ziegelsteine,

• 그 군인의 두 발은 오랜 행진으로 인해 화끈거린다.

▶ *Dem Soldaten brennen die Füße* von dem langen Marsch. (Sie sind heiß und schmerzen.)

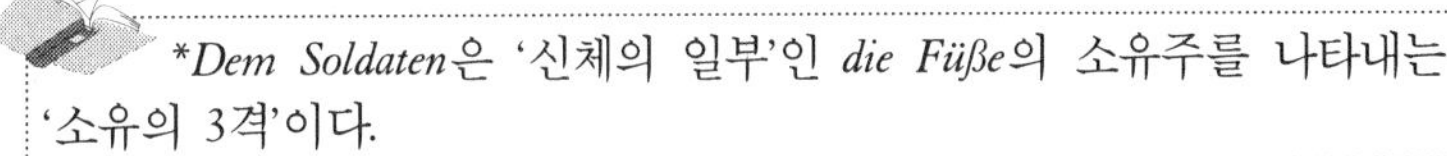

**Dem Soldaten*은 '신체의 일부'인 *die Füße*의 소유주를 나타내는 '소유의 3격'이다.

• 그 노파는 호기심 때문에 어쩔 줄 몰랐다.

▶ Die alte Frau *brannte vor* Neugierde. (Sie war sehr neugierig.)

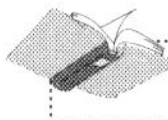

**vor* Neugierde에서 전치사 *vor*는 '원인'을 나타낸다.

abbrennen

• 초는 타 내려갔다.

▶ Die Kerze *brannte ab*. (auch: herunterbrennen; sie wurde kleiner.)

• 나는 돈이 한 푼도 없다.

▶ Ich *bin abgebrannt*. (Ich habe kein Geld mehr; nur als Adjektiv; U.)

anbrennen

• 야채는 눌어 붙었다.

▶ Das Gemüse *brannte an*. (Es wurde schwarz und setzte sich am Topf fest.)

ausbrennen

• 그 학교는 전소(全燒)했다.

▶ Die Schule *brannte aus*. (Nur die Mauern blieben stehen.)

• 그 화산은 다 꺼져버렸다.

▶ Der Vulkan *ist ausgebrannt*. (Er ist erloschen.)

durchbrennen

• 퓨즈가 녹아 끊어졌다.

▶ Die elektrische Sicherung *ist durchgebrannt*. (Der Strom ist unterbrochen.)

• 경리는 그 금고를 가지고 달아났다.

▶ Der Kassierer *ist* mit der Kasse *durchgebrannt*. (Er ist mit der Kasse geflohen; U.)

entbrennen

• 친구들 사이에서 한 격렬한 싸움이 일어났다.

▶ Unter den Freunden *ist* ein leidenschaftlicher Streit *entbrannt*. (Der Streit ist ausgebrochen; lit.)

niederbrennen

• 우리 집이 다 불타버렸다.

Unser Haus *brannte nieder*. (Es wurde durch Feuer zerstört.)

verbrennen

• 그 편지들을 태워 없애버리세요!

Verbrennen Sie die Briefe! (Vernichten Sie sie durch Feuer!)

• 그 죽은 남자는 화장된다.

Der Tote wird *verbrannt*. (Er wird eingeäschert.)

• 나는 내 손가락에 화상을 입었다; (전의적): 나는 불유쾌한 상황에 빠졌다.

Ich *habe mir die Finger verbrannt*. (Ich habe mir die Finger durch Feuer verletzt; oder übertr.: Ich bin in eine unangenehme Situation gekommen; I.)

**mir*는 '소유의 3격'으로서 '신체의 일부'인 *die Finger*의 소유주가 '나'임을 나타낸다.

• 다른 사람에게 그가 듣기 싫어하는 것을 말하지 말라!

Verbrenne dir nicht *den Mund*! (Sage dem anderen nicht, was er nicht hören will; U., I.)

**dir*는 '소유의 3격'으로서 '신체의 일부'인 *den Mund*의 소유주가 '너'임을 나타낸다.

bringen vs. abbringen vs. anbringen vs. aufbringen vs. beibringen vs. darbringen vs. durchbringen vs. einbringen vs. entgegenbringen vs. erbringen vs. hinterbringen vs. mitbringen vs. überbringen vs. umbringen vs. unterbringen vs. verbringen vs. vollbringen vs. vorbringen vs. zubringen vs. zusammenbringen

bringen, brachte, gebracht

• 사자(使者)는 그 주문받은 꽃들을 가져온다.

▶ Der Bote *bringt* die bestellten Blumen.

• 나는 그 석탄들을 지하실로 운반한다.

▶ Ich *bringe* die Kohlen in den Keller. (Ich trage sie dorthin.)

• 나에게 맥주 한 잔만 갖다 주세요!

▶ *Bringen* Sie mir ein Glas Bier! (Holen Sie es mir!)

• 내 돈은 많은 이자를 가져다준다.

▶ Mein Geld *bringt* gute Zinsen. (Es verzinst sich gut.)

• 가족들은 그 아들을 위해 큰 희생을 했다.

▶ Die Familie *hat große Opfer* für den Sohn *gebracht*. (Sie hat viel für ihn getan.)

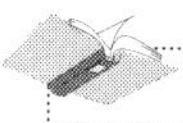

*Familie는 '집합명사'로서 형태는 단수이지만 내용은 복수이다.

• 그 극장은 한 새 작품을 공연한다.

▶ Das Theater *bringt* ein neues Stück. (Es spielt ein neues Stück.)

jn. auf etw. ~

• 그 연사는 많은 방청객들을 그의 편으로 만든다.

▶ Der Redner *bringt* viele Zuhörer *auf seine Seite*. (Er überzeugt sie.)

• 너의 말이 나에게 한 좋은 생각이 떠오르게 하였다.

▶ Deine Bemerkung *hat* mich *auf eine gute Idee gebracht*. (Ich bin durch dich darauf gekommen.)

• 그 노인은 85세가 되었다.

▶ Der alte Mann *hat es auf 85 Jahre gebracht*. (Er ist so alt geworden.)

jn. in etw. ~

• 그 아들이 부모를 수치와 곤경으로 몰아넣는다.

▶ Der Sohn *bringt* die Eltern *in Schande und Not*. (Er schadet ihnen.)

• 그 여자가 나에 대한 나쁜 소문이 나게 만들었다.

▶ Die Frau *hat* mich *ins Gerede gebracht*. (Sie ist schuld, dass alle schlecht über mich sprechen.)

• 그 도망자들은 안전한 장소로 달아났다.

▶ Die Flüchtlinge *brachten sich in Sicherheit*. (Sie flohen an einen sicheren Ort.)

etw. ~ über etw.

• 그 신문은 그 횡령사건에 대해 아무것도 보도하지 않았다.

▶ Die Zeitung *brachte* nichts *über* die Unterschlagung. (Sie berichtete nicht darüber.)

• 그 학생은 아무 말도 할 수 없었다.

- Der Schüler *hat kein Wort über die Lippen gebracht*. (Er konnte vor Aufregung nichts sagen.)

• 나는 감히 그를 속일 수 없다.

- Ich *bringe es* nicht *übers Herz*, ihn zu belügen. (Ich kann es nicht tun; I.)

jn. um etw. ~

• 수출 악화는 나의 자리를 잃게 했다.

- Der Rückschlag im Export *hat* mich *um* meine Stellung *gebracht*. (Ich habe sie verloren.)

• 그 사기꾼이 노파를 속여 그녀의 돈을 빼앗았다.

- Der Betrüger *brachte* die alte Frau *um* ihr Geld. (Er betrog sie.)

• 돈 걱정들 때문에 그는 자살했다.

- Aus Geldsorgen *brachte* er *sich ums Leben*. (Er tötete sich; I.)

jn./etw. unter etw. ~

• 그 부자남자는 그의 돈을 사람들에게 나누어 주었다.

- Der reiche Mann *brachte* sein Geld *unter die Leute*. (Er gab viel aus.)

• 나는 모든 이익들을 일치시킬 수 있었다.

- Es gelang mir, alle Interessen *unter einen Hut* zu *bringen*. (Ich konnte sie einigen; I.)

• 그 상인은 그의 기업을 경매에 붙였다.

- Der Kaufmann *brachte* seinen Betrieb *unter den Hammer*. (Die Firma musste versteigert werden; I.)

jn./etw. zu etw. ~

• 그 시인은 그의 생각들을 적는다.

▶ Der Dichter *bringt* seine Gedanken *zu Papier*. (Er schreibt sie auf.)

• 그 희극배우는 우리를 웃겼다.

▶ Der Komiker *brachte* uns *zum Lachen*. (Er machte Späße, dass wir lachen mussten.)

• 나는 그를 그 선생님에게 사과하도록 만들었다.

▶ Ich *brachte* ihn *dazu*, sich bei dem Lehrer zu entschuldigen. (Ich veranlasste ihn dazu, obwohl er nicht wollte.)

• 그 젊은 부인은 한 애를 출산했다.

▶ Die junge Frau *brachte* ein Kind *zur Welt*. (Sie hat es geboren.)

jn. zu sich ~

• 그 의사는 그 졸도한 남자를 다시 정신을 차리게 한다.

▶ Der Arzt *bringt* den Ohnmächtigen *zu sich*. (Er belebt ihn wieder.)

es zu etw. ~

• 그는 인생에서 무엇인가를 이루었다.

▶ Er *hat es* im Leben *zu etwas gebracht*. (Er hat viel erreicht.)

abbringen

• 그는 그의 계획을 고수한다.

▶ Er lässt sich von seinem Plan nicht *abbringen*. (Er bleibt dabei.)

• 나쁜 친구가 그 젊은 남자를 옳은 길에서 벗어나게 했다.

▶ Schlechte Gesellschaft *brachte* den jungen Mann *vom rechten Wege ab*. (Schlechte Leute verdarben ihn; I.)

anbringen

• 나는 옷걸이를 세면대 옆에 부착했다.

➤ Ich *habe* den Haken neben dem Waschbecken *angebracht*. (Ich habe ihn dort festgemacht.)

• 그 개가 토끼를 운반해 왔다.

➤ Der Hund *brachte* den Hasen *an*. (Er trug ihn her.)

• 신부님이 한 부탁의 말씀을 하셨다.

➤ Der Pfarrer *brachte* eine Bitte *an*. (Er sagte sie.)

aufbringen

• 나는 창문을 열 수 없다.

➤ Ich *bringe* das Fenster nicht *auf*. (Ich kann es nicht öffnen; U.)

• 누가 그 소문을 만들어 퍼뜨렸느냐?

➤ Wer *hat* das Gerücht *aufgebracht*? (Wer hat es erfunden und verbreitet?)

• 그 채무자는 그 TV의 다음 할부금을 조달할 수가 없다.

➤ Der Schuldner kann das Geld für die nächste Rate des Fernsehapparats nicht *aufbringen*. (Er kann es nicht besorgen.)

• 그 소년은 물속으로 뛰어들 용기를 낼 수 없다.

➤ Der Junge *bringt* den Mut nicht *auf*, ins Wasser *zu* springen. (Er fürchtet sich davor.)

beibringen

• 필요한 종이를 갖다 주세요!

▶ *Bringen* Sie die nötigen Papiere *bei*! (Beschaffen Sie sie! Legen Sie sie vor! papierdt.)

• 그 운전교사가 그 숙녀에게 운전을 가르쳐준다.

▶ Der Fahrlehrer *bringt* der Dame das Fahren *bei*. (Er lehrt sie Autofahren; für alle praktischen Fähigkeiten.)

• 나는 내가 그것을 어떻게 그에게 전해주어야 할 지를 모르겠다.

▶ Ich weiß nicht, wie ich es ihm *beibringen* soll. (Wie soll ich es ihm sagen?)

darbringen

• 그 장관은 그 높은 손님에게 한 개의 선물을 건네주었다.

▶ Der Minister *brachte* dem hohen Gast ein Geschenk *dar*. (Es überreichte es ihm; lit.)

durchbringen

• 그 밀수꾼은 그의 커피를 세금을 내지 않고 국경을 넘어 가져왔다.

▶ Der Schmuggler *brachte* seinen Kaffee unverzollt *durch*. (Er brachte ihn unverzollt über die Grenze; U.)

• 그 의사는 그 병든 남자를 구했다.

▶ Der Arzt *hat* den Kranken *durchgebracht*. (Er rettete ihn.)

• 그 과부는 그녀의 애들을 간신히 키운다.

▶ Die Witwe *bringt* ihre Kinder *durch*. (Sie ernährt sie mühsam.)

• 그 선원은 그의 돈을 불필요하게 지출한다.

▶ Der Matrose *bringt sein Geld durch*. (Er gibt es unnötig aus; U.)

einbringen

• 그 장관은 한 개의 법률초안을 제출했다.

▶ Der Minister *brachte* einen Gesetzesentwurf *ein*. (Er legte ihn vor.)

• 그 농부는 그 곡식을 곡간에 들여놓는다.

▶ Der Bauer *bringt* das Getreide *ein*. (Er fährt es in die Scheune.)

• 그 사업은 수익이 적었다.

▶ Das Geschäft *hat* wenig *eingebracht*. (Der Gewinn war klein.)

entgegenbringen

• 그는 나에게 완전한 이해를 보여준다.

▶ Er *bringt* mir volles Verständnis *entgegen*. (Er versteht mich.)

erbringen

• 당시의 발언들이 옳다는 증거를 대보세요!

▶ *Erbringen* Sie den Beweis, dass Ihre Aussagen stimmen! (Bringen Sie den Beweis!)

hinterbringen

• 여비서는 사장에게 그녀의 동료들이 그에 관해 이야기하는 내용을 고자질한다.

▶ Die Sekretärin *hinterbringt* dem Chef, was ihre Kollegen über ihn sagen. (Sie verrät ihre Kollegen.)

mitbringen

• 나는 너에게 선물 한 개를 갖다 준다.

▶ Ich *bringe* dir ein Geschenk *mit*. (Ich komme mit einem Geschenk.)

• 이 자리에 필요한 사전교육을 그는 받지 않았다.

▶ Für diese Stellung *brachte* er keine Vorbildung *mit*. (Er hatte das hier Nötige nicht gelernt.)

überbringen

• 그 전령은 편지 한 장을 가져왔다.

▶ Der Bote *überbrachte* einen Brief. (Er gab ihn ab.)

umbringen

• 범인은 그 여자를 살해했다.

▶ Der Verbrecher *brachte* die Frau *um*. (Er ermordete sie.)

sich ~

• 그 예술가는 자살했다.

▶ Der Künstler *hat sich*[4] *umgebracht*. (Er nahm sich[3] das Leben.)

• 그는 나를 돕기 위해 아주 애를 많이 썼다.

▶ Er *brachte sich* fast *um*, um mir zu helfen. (Er gab sich[3] große Mühe; U.)

unterbringen

• 짐꾼은 내 가방을 객차의 그물선반에 갖다 놓았다.

▶ Der Gepäckträger *hat* meine Koffer im Gepäcknetz *untergebracht*. (Er hat sie dorthin gelegt.)

• 교수님은 모든 책들을 그 서가에 보관할 수는 없었다.

▶ Der Professor konnte nicht alle Bücher in dem Schrank *unterbringen*. (Er hatte nicht genug Platz.)

• 아버지는 그의 딸을 한 기숙사에 묵게 하였다.

▶ Der Vater *brachte* seine Tochter in einem Internat *unter*. (Er gibt sie in ein Internat.)

verbringen

• 우리는 우리 휴가를 산간지방에서 보낸다.

▶ Wir *verbringen* unseren Urlaub im Gebirge. (Wir verleben ihn dort.)

vollbringen

• 그 목수들은 불가능해 보이는 것을 완수해내었다.

▶ Die Zimmerleute *vollbrachten*, was unmöglich erschien. (Sie machten eine schwierige Arbeit fertig.)

vorbringen

• 판사는 피고에게 물었다: "당신은 무슨 변명할 말이 있습니까?"

▶ Der Richter fragte den Angeklagten: "Was haben Sie zu Ihrer Entschuldigung *vorzubringen*?" (Was haben Sie zu sagen?)

zubringen

• 그 축구선수는 그의 자유 시간을 운동장에서 보낸다.

▶ Der Fußballspieler *bringt* seine Freizeit auf dem Sportplatz *zu*. (Er ist in seiner Freizeit dort.)

zusammenbringen

• 그 (국가시험을 통과한) 건축기술자는 한 재산을 모았다.

▶ Der Baumeister *brachte* ein Vermögen *zusammen*. (Er wurde reich.)

• 중개인은 구입자를 매도자와 서로 만나게 한다.

▶ Der Makler *bringt* den Käufer mit dem Verkäufer *zusammen*. (Er vermittelt das Geschäft.)

• 그 대학생은 시험에서 대답을 못했다.

▶ Der Student *brachte* in der Prüfung keine drei Sätze *zusammen*. (Er konnte nicht sprechen; U.)

denken vs. ausdenken vs. bedenken vs. durchdenken vs. erdenken vs. fortdenken vs. gedenken vs. nachdenken vs. überdenken

denken, dachte, gedacht

• 그는 관대하다.

▶ Er *denkt* edel. (Er ist großherzig.)

• 인간은 생각하고, 신(神)은 조종한다.

▶ Der Mensch *denkt*, Gott lenkt. (Sprw.)

an etw./jn. ~

• 우리 방문객은 여행을 떠날 생각을 한다.

▶ Unser Besucher *denkt an* die Abreise. (Er will abreisen.)

• 그것을 잊지 말아라!

▶ *Denke daran!* (Vergiß es nicht!)

• 아버지는 그의 가족들만 걱정한다.

▶ Der Vater *denkt* nur *an* seine Familie! (Er sorgt für sie.)

• 아, 내가 항상 그것을 이야기하지 않았던가?

▶ Ach, *denk'* mal *an*! (ironisch: Habe ich das nicht schon immer gesagt?)

über etw. ~

• 당신은 그 일에 대해 어떻게 생각하십니까?

▶ Wie *denken* Sie *über* die Sache? (Wie ist Ihre Meinung darüber?)

ausdenken

• 그것은 생각조차 할 수 없는 일이리라.

▶ Das wäre nicht *auszudenken*! (Das wäre entsetzlich!)

**Das ist nicht auszudenken!*은 'Das kann nicht ausgedacht werden!' 이라는 의미이므로, *Das wäre nicht auszudenken!*은 'Das könnte nicht ausgedacht werden'의 의미이다.

sich[3] etw. ~

• 그 애는 한 개의 변명을 고안해내었다.

▶ Das Kind *dachte sich* eine Ausrede *aus*. (Es überlegte und erfand eine Ausrede.)

• 네 말이 내겐 곧이 들리지 않아!

▶ Da musst du *dir* schon etwas anderes *ausdenken*! (U.) (모델, 189쪽)

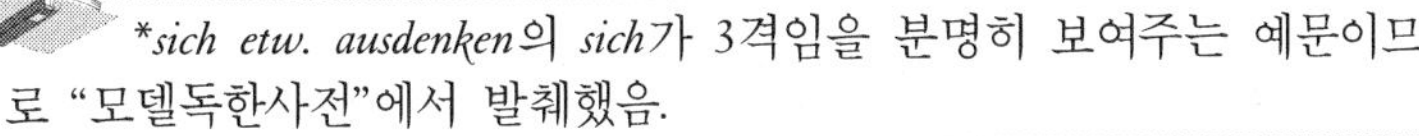

*sich etw. ausdenken*의 *sich*가 3격임을 분명히 보여주는 예문이므로 "모델독한사전"에서 발췌했음.

bedenken

• 너의 행동의 결과들을 먼저 고려하라!

▶ *Bedenke* vorher die Folgen deines Tuns! (Überlege vorher!)

• 너의 언젠가 죽어야 할 운명을 생각하라!

▶ *Bedenke* dein Ende! (Denke daran, dass du sterben musst.)

• 사람들은 그에게 선물들을 주었다.

▶ Man *bedachte* ihn mit Geschenken. (Man beschenkte ihn.)

durchdenken

• 건축가는 그 집의 계획들을 곰곰이 생각했다.

▶ Der Architekt *durchdachte* die Pläne des Hauses gut. (Er überlegte sie genau.)

erdenken

sich[3] etw. ~

• 작가는 그의 방청객들을 즐겁게 하기위해, 이야기 한 개를 고안해내었다.

▶ Der Dichter *erdachte sich* eine Geschichte, um seine Zuhörer zu unterhalten. (Er erfand sie.)

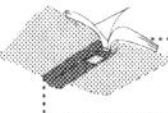

*sich[3] etw. erdenken*은 *sich[3] etw. ausdenken*과 그 의미가 같음.

fortdenken

• 기술의 업적들이 없는 인생이란 상상할 수 없다.

▶ Die Errungenschaften der Technik sind nicht mehr *fortzudenken*. (Man kann sich[3] das Leben ohne sie nicht denken.)

gedenken

• 너는 무엇을 할 계획이니?

▶ Was *gedenkst* du *zu tun*? (Was willst du tun?)

• 나를 기억하라!

▶ *Gedenke* meiner! (Erinnere dich an mich! lit.)

nachdenken

• 나는 심사숙고할 수 없었다.

▶ Ich *hatte* keine Zeit *nachzudenken*. (Ich konnte nicht überlegen.)

über etw. ~

• 그 학생은 그의 일에 대해 곰곰이 생각한다.

▶ Der Schüler *denkt über* seine Arbeit *nach*. (Er überlegt sie sich.)

überdenken

• 제발, 내 제안에 대해 숙고해 보세요!

▶ Bitte, *überdenken* Sie meinen Vorschlag! (Überlegen Sie sich ihn!)

dringen vs. durchdringen vs. eindringen

dringen, drang, gedrungen

• 가스냄새가 부엌에서 새어 나온다.

▶ Der Gasgeruch *dringt* aus der Küche. (Er kommt aus der Küche in die anderen Räume,)

• 연사의 말들이 마지막 의자 줄까지 들려왔다.

▶ Die Worte des Redners *sind* bis in die letzten Stuhlreihen *gedrungen*. (Man verstand sie auch dort.)

auf etw. ~

• 집주인은 집세를 정시에 지불할 것을 요구했다.

▶ Der Hauswirt *hat auf* pünktliche Zahlung der Miete *gedrungen*. (Er hat sie verlangt.)

durchdringen: (trennbar und untrennbar)

• 모두는 협조해 줄 생각으로 가득 찼었다.

▶ Der Gedanke der Hilfsbereitschaft *hat* alle *durchdrungen*. (Alle waren davon erfüllt.)

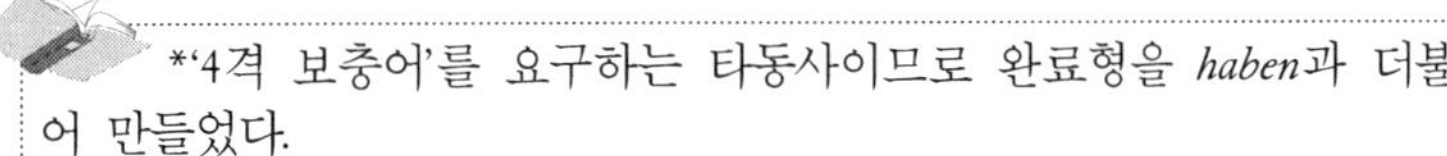

*'4격 보충어'를 요구하는 타동사이므로 완료형을 *haben*과 더불어 만들었다.

durch etw. ~

• 습기는 그 담을 통해 스며들어왔다.

▶ Die Feuchtigkeit *ist durch* die Mauer *durchgedrungen*. (Sie kam durch die Mauer.)

mit etw. ~

• 사장은 그의 소원들을 관철시켰다.

▶ Der Betriebsleiter *drang mit* seinen Wünschen *durch*. (Er setzte sie durch.)

eindringen

• 적은 그 성채로 침입한다.

▶ Der Feind *dringt* in die Festung *ein*. (Er kommt mit Gewalt hinein.)

dürfen, durfte, gedurft(dürfen)

• 나는 그 숲에 들어가도 좋았으나. 다른 사람들은 그렇게 할 수가 없었다.

▶ Ich *habe* den Wald *betreten dürfen*, die anderen *haben* es nicht *gedurft*. (Ich hatte die Erlaubnis.)

> **betreten*과 같은 *be*-동사는 *betreten*처럼 '4격 보충어'를 요구하거나, *sich*[4]와 함께 '무연 재귀구조 Unmotivierte Reflexivkonstruktion'를 이룬다: *sich*[4] *bedanken, sich*[4] *betrinken.*
>
> 동사의 부정형 *betreten*과의 결합에서는 과거 분사형 *gedurft* 대신에 부정형 *dürfen*이 오고(='대체 부정형 Ersatzinfinitiv'), 동사의 부정형이 오지 않을 때에는 원래대로 과거 분사형 *gedurft*가 오게 된다.

• 담배를 피워도 좋습니까?

▶ *Darf* ich rauchen? (Höfliche Bitte.)

• 커피 한 잔 주시겠습니까?

▶ *Darf* ich Sie um eine Tasse Kaffee bitten? (Bitte, geben Sie mir eine Tasse Kaffee!)

• 내일 아마 비가 올 것이다.

▶ Morgen *dürfte* es regnen. (Wahrscheinlich regnet es morgen.)

**dürfte*는 *dürfen*의 '접속법 2식'이고, '추측'을 나타낸다.

012

fahren vs. abfahren vs. anfahren vs. auffahren vs. ausfahren vs. befahren vs. durchfahren vs. einfahren vs. entfahren vs. erfahren vs. festfahren vs., fortfahren vs. überfahren vs. umfahren vs. verfahren vs. vorfahren vs. widerfahren vs. zurückfahren vs. zusammenfahren

fahren, fuhr, gefahren

• 나는 차를 타고 함부르크로 갔다.

▶ Ich *bin* mit dem Wagen nach Hamburg *gefahren*. (Er war das Tranportmittel.)

• 그 운전수가 나를 태워주었다.

▶ Der Chauffeur *hat* mich *gefahren*. (Er war der Fahrer.)

• 나의 사장은 한 대의 메르체데스를 운전한다.

▶ Mein Chef *fährt* einen Mercedes. (Er besitzt ihn.)

• 그 애는 스키를 탔다.

▶ Das Kind *ist* Ski *gefahren*.

• 이 회사에 대해 나는 만족한다.

▶ Mit dieser Firma *bin* ich gut *gefahren*. (Ich bin mit ihr zufrieden.)

• 그는 죽었다.

▶ Er *ist in die Grube gefahren*. (Er ist gestorben; lit.)

• 그는 잘 화를 낸다.

▶ Er *fährt leicht aus der Haut*. (Er wird leicht wütend; U., I.)

abfahren

• 전차는 출발한다.

▶ Die Straßenbahn *fährt ab*. (Sie beginnt zu fahren.)

• 그 경찰관은 그 구간을 순찰한다.

▶ Der Polizist *fährt* die Strecke *ab*. (Er kontrolliert sie.)

jn. ~ lassen

• 그녀는 그 뻔뻔한 녀석을 물리쳤다.

▶ Sie *ließ* den frechen Kerl *abfahren*. (Sie wies ihn ab; I.)

anfahren

• 그 기차는 출발했다.

▶ Der Zug *ist angefahren*. (Er begann seine Fahrt.)

• 그 석탄 장수는 우리에게 석탄들을 실어왔다.

▶ Der Kohlenhändler *hat* uns Kohlen *angefahren*. (Er hat sie uns gebracht.)

• 그 운전수는 그 노파를 치었다.

▶ Der Autofahrer *hat* die alte Frau *angefahren*. (Er verletzte sie.)

• 사장은 그 견습생에게 야단친다.

▶ Der Chef *fährt* den Lehrjungen *an*. (Er spricht böse mit ihm.)

auffahren

• 그는 그것을 들었을 때, 화가 났다.

▶ Er *fuhr auf*, als er das hörte. (Er war empört.)

• 소음에 나는 잠에서 갑자기 깨어났다.

▶ Bei dem Geräusch *fuhr* ich aus dem Schlaf *auf*. (Ich erwachte plötzlich.)

• 사람들은 그 축제에서 샴페인과 포도주를 내놓았다.

▶ Man *fuhr* bei dem Fest Sekt und Wein *auf*. (Man setzte das den Gästen vor.)

auf etw. ~

• 그 배는 한 암초에 좌초했다.

▶ Das Schiff *ist auf* ein Riff *aufgefahren*. (Es ist gestrandet.)

• 그 차는 한대의 주차중인 차를 들이받았다.

▶ Das Auto *fuhr auf* ein parkendes Auto *auf*.

ausfahren

• 그는 일요일에 그의 가족과 드라이브한다.

▶ Er *fährt* sonntags mit seiner Familie *aus*. (Er fährt mit ihr spazieren.)

• 상인은 그 상품을 몸소 차로 고객에게 배달했다.

▶ Der Kaufmann *fuhr* die Ware selbst *aus*. (Er brachte sie den Kunden.)

befahren

• 이 선박회사의 배들은 세계의 모든 바다들을 다 누비고 다닌다.

➤ Die Schiffe dieser Reederei *befahren* alle Meere der Welt. (Sie fahren auf allen Meeren.)

durchfahren

• 나는 갑자기 놀랐다.

➤ Der Schreck *hat* mich *durchfahren*. (Ich erschrak plötzlich.)

durch etw. ~

• 나는 뮨헨에서 내리지 않고 통과했다.

➤ Ich *bin* durch München *durchgefahren*. (Ich stieg nicht aus.)

einfahren

• 그 기차가 역으로 들어왔다.

➤ Der Zug *ist eingefahren*. (Er ist in den Bahnhof gekommen.)

• 농부는 추수를 차로 창고에 운반해 넣었다.

➤ Der Bauer *hat* die Ernte *eingefahren*. (Er hat sie in die Scheune gebracht.)

• 그 새 차는 길들여져야 한다.

➤ Der neue Wagen muss *eingefahren* werden. (Man muss anfangs mit vorgeschriebener Geschwindigkeit fahren.)

entfahren

• 그는 그 말들을 하자마자, 그 말들을 한 것을 후회했다.

▶ Kaum *waren* ihm die Worte *entfahren*, da bereute er sie. (Er hatte unüberlegt gesprochen; lit.)

erfahren

- 나는 신문을 통해 그 소식을 들었다.

▶ Ich *erfuhr* die Nachricht durch die Zeitung. (Sie wurde mir durch die Zeitung bekannt.)

- 그는 그의 친구를 통해 한 개의 큰 실망스러운 일을 경험했다.

▶ Er *erfuhr* durch seinen Freund eine große Enttäuschung. (Er wurde durch ihn sehr enttäuscht.)

festfahren

sich ~

- 그 차는 진창에 꽉 쳐 박혔다.

▶ Der Wagen *fuhr sich* im Schlamm *fest*. (Er blieb stecken.)

- 그 회의는 교착상태에 빠졌다.

▶ Die Konferenz *hat sich festgefahren*. (sie kommt nicht weiter.)

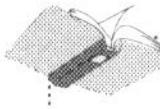

*재귀구조는 *haben*과 완료형을 만든다.

fortfahren

- 내 의사는 여행을 떠난다.

▶ Mein Arzt *fährt fort*. (Er verreist.)

- 지금까지처럼 계속 그렇게 하라!

▶ *Fahre fort* wie bisher! (Mache so weiter!)

mit etw. ~

• 그 연사는 그의 강연을 계속했다.

▶ Der Redner *fuhr mit* seinem Vortrag *fort*! (Er sprach weiter.)

überfahren

• 그 기차는 한 남자를 치었다.

▶ Der Zug *hat* einen Mann *überfahren*. (Er hat ihn schwer verletzt oder getötet.)

• 그 운전수는 빨강색 신호를 무시하고 통과했다.

▶ Der Fahrer *hat* das rote Licht *überfahren*. (Er hat es nicht beachtet.)

umfahren: (trennbar und untrennbar)

• 그 오토바이 운전수는 그 노파를 치어서 땅에 넘어뜨렸다.

▶ Der Motorradfahrer *fuhr* die alte Frau *um*. (Er stieß gegen sie und warf sie zu Boden.)

• 그 배는 그 섬을 우회했다.

▶ Das Schiff *umfuhr* die Insel. (Es fuhr um sie herum.)

verfahren

• 그는 많은 돈을 차를 타는 비용으로 소비했다.

▶ Er hat viel Geld *verfahren*. (Er hat viel Geld für Fahrten verbraucht.)

sich ~

• 이 도로위에서는 당신은 잘못된 길로 접어들 수가 없습니다.

▶ Auf dieser Straße können Sie *sich* nicht *verfahren*. (Sie können keinen falschen Weg nehmen.)

mit jm. ~

• 그 노인을 조심스럽게 대하세요!

▶ *Verfahren* Sie schonend *mit* dem alten Mann! (Behandeln Sie ihn mit Rücksicht!)

vorfahren

• 우리를 추월해 앞으로 가세요! 또는: 차를 탈 수 있도록 문 앞에 갖다 주세요!

▶ *Fahren* Sie *vor*! (Überholen Sie uns! oder: Bringen Sie den Wagen zum Einsteigen vor die Tür!)

widerfahren

• 그에게 정의로운 일이 일어났다.

▶ Ihm *ist* Gerechtigkeit *widerfahren*. (Ihm ist Recht geschehen; lit.)

zurückfahren

• 당신은 언제 집으로 돌아가십니까?

▶ Wann *fahren* Sie *zurück*? (Wann fahren Sie wieder nach Hause?)

• 나는 깜짝 놀라서 물러섰다.

▶ Ich *fuhr* vor Schreck *zurück*. (Ich prallte zurück.)

zusammenfahren

• 두 기차들이 충돌했다.

▶ Zwei Züge *fuhren zusammen*. (Sie stießen zusammen.)

• 탕하는 총소리에 그 남자는 깜짝 놀랐다.

➤ Bei dem Knall *ist* der Mann *zusammengefahren*. (Er ist sehr erschrocken.)

*zusammenfahren*은 '상태의 변화'를 나타내는 자동사이므로, 완료형을 *sein*과 더불어 만들었다.

013

fallen vs. abfallen vs. anfallen vs. auffallen vs. ausfallen vs. befallen vs. durchfallen vs. einfallen vs. entfallen vs. gefallen vs. herfallen vs. hereinfallen vs. hinfallen vs. missfallen vs. überfallen vs. umfallen vs. verfallen vs. vorfallen vs. zerfallen vs. zufallen vs. zurückfallen vs. zusammenfallen

fallen, fiel, gefallen

(1) fallen = sinken('떨어지다')

• 점점 더 추워진다.

➤ Die Temperatur *fällt* ständig. (Es wird kälter.)

• 상품들이 더 싸진다.

➤ Die Preise *fallen*. (Die Waren werden billiger.)

(2) fallen = sterben

• 내 형은 그 무서운 전쟁에서 전사했다.

➤ Mein Bruder *ist* in dem furchtbaren Krieg *gefallen*. (Er ist als Soldat gestorben.)

*원래의 의미 '쓰러지다'도 '장소의 이동'을 나타내고, 전의적 의미 '죽다'도 '상태의 변화'를 나타내므로, *fallen*은 어떤 의미로 사용되었더라도 완료형을 *sein*과 더불어 만든다.

(3) fallen = stürzen, abfallen

• 그 애는 돌에 걸려 넘어진다.

▶ Das Kind *fällt* über einen Stein.

• 나뭇잎들이 가을에는 나무들로부터 떨어진다.

▶ Die Blätter *fallen* im Herbst von den Bäumen

• 그 신자들은 무릎을 꿇었다.

▶ Die Gläubigen *fielen* auf die Knie. (Sie knieten nieder.)

• 집에 돌아오는 그 소녀는 어머니의 품에 안겼다.

▶ Das heimkehrende Mädchen *fiel der Mutter in die Arme*. (Es umarmte sie.)

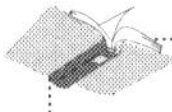

**der Mutter*는 *in die Arme*의 소유주를 나타내는 '소유의 3격'이다.

• 칼은 화가 난 친구를 제지했다.

▶ Karl *ist* dem wütenden Freund *in den Arm gefallen*. (Er hielt ihn zurück.)

• 예의바르게 처신하라!

▶ *Falle nicht aus der Rolle!* (Benimm dich anständig.)

• 어떤 대가도 하늘에서 그저 떨어지지는 않는다.

▶ Es *fällt kein Meister* vom Himmel. (Alles muss gelernt werden; Sprw.)

*Es는 '허사(虛辭) Platzhalter'로서, 주어나 다른 문장성분이 이 자리에 오면 없어지고, 주어인 *kein Meister*를 정동사 바로 뒤에 오게 하여 '레마'로 강조하는 역할을 한다.

(4) fallen = auf etw./jn. treffen

• 햇살들이 길 위로 떨어진다.

▶ Sonnenstrahlen *fallen* auf den Weg.

• 나의 의혹은 이 남자에게 향한다.

▶ Mein Verdacht *fällt* auf diesen Mann.

• 나의 생일은 일요일이다.

▶ Mein Geburtstag *fällt* auf einen Sonntag. (Er ist an einem Sonntag.)

• 그 포스터는 눈에 두드러진다.

▶ Das Plakat *fällt in die Augen*. (Es ist auffallend.)

• 배움이 그에겐 쉽다/어렵다.

▶ Das Lernen *fällt ihm leicht/schwer*. (Er lernt schnell/langsam.)

abfallen

• 그 사과들이 나무에서 떨어진다.

▶ Die Äpfel *fallen ab*. (Sie fallen vom Baum auf die Erde.)

• 그 바위는 경사가 가파르다.

▶ Der Felsen *fällt* steil *ab*. (Er ist steil.)

• 팔면 이윤이 많지 않다.

▶ Beim Verkauf *fällt* nicht viel *ab*. (Es wird nicht viel verdient.)

von jm. ~

• 그의 친구들이 그에게서 떨어져 나갔다.

▶ Seine Freunde *fielen von* ihm *ab*. (Sie verließen ihn.)

• 모든 불안이 그에게서 사라졌다.

▶ Alle Angst *fiel von* ihm *ab.* (Er verlor seine Angst.)

anfallen

• 그 맹수가 그 연구자를 습격했다.

▶ Das Raubtier *fiel* den Forscher *an.* (Es sprang ihn an.)

• 이번 주에 많은 일이 있었다.

▶ In dieser Woche *fiel* viel Arbeit *an.* (Es gab viel Arbeit.)

auffallen

• 그는 키가 커서 눈에 띄었다.

▶ Er *ist* durch seine Größe *aufgefallen.* (Alle bemerkten ihn, weil er so groß war.)

ausfallen

• 비타민결핍으로 그 선원들에게 자주 이빨들이 빠졌다.

▶ Durch Vitaminmangel *fielen* den Seeleuten oft die Zähne *aus.* (Sie verloren sie.)

• 그 연극공연은 어제 취소되었다.

▶ Die Theatervorstellung *ist* gestern *ausgefallen.* (Sie fand nicht statt.)

• 유행성감기가 유행하는 동안에 많은 노동자들이 결근했다.

▶ Während der Grippewelle *fielen* viele Arbeiter *aus.* (Sie kamen nicht zur Arbeit.)

• 시험의 결과들은 좋았다.

▶ Die Prüfungsarbeiten *fielen gut aus*. (Die Resultate waren gut.)

> *gut은 논항 '양태 Art und Weise'를 나타내는 '부사적 보충어 Adverbialergänzung'이다.

befallen

• 많은 사람들이 이 병에 걸렸다.

▶ Viele Menschen sind von dieser Krankheit *befallen* worden. (Viele bekamen sie.)

durchfallen

• 그 연극작품은 성공하지 못했다.

▶ Das Theaterstück *ist durchgefallen*. (Es hatte keinen Erfolg; I.)

• 재능이 없는 그 학생은 그 시험에 떨어졌다.

▶ Der unbegabte Schüler *fiel* bei der Prüfung *durch*. (Er bestand sie nicht; U.)

einfallen

• 그 집은 곧 무너질 것이다.

▶ Das Haus *fällt bald ein*. (Die Mauern werden bald zusammenstürzen.)

> *미래를 나타내는 부사 *bald*(='곧')때문에 동사의 현재형이 미래를 대신할 수 있다.

• 메뚜기들이 침입했다.

▶ Die Heuschrecken *sind eingefallen*. (Sie sind über das Land gekommen und haben alles vernichtet.)

• 이 음악작품에서는 취주악기연주자들은 나중에 끼어든다.

▶ Bei diesem Musikstück *fallen* die Bläser später *ein*. (Sie beginnen später zu spielen.)

• 당신의 이름이 나는 생각나지 않습니다.

▶ Ihr Name *fällt mir* nicht *ein*. (Ich kann mich nicht daran erinnern.)

• 당신은 도대체 무슨 엉뚱한 생각을 하십니까?

▶ *Was fällt Ihnen ein!* (Was erlauben Sie sich? U.)

entfallen

• 찻주전자가 그녀의 손에서 떨어졌다.

▶ Die Teekanne *entfiel* ihren Händen. (Sie ließ sie fallen.)

• 대답이 필요 없다.

▶ Eine Antwort *entfällt*. (Sie ist nicht nötig.)

• 나는 그 전화번호를 잊어버렸다.

▶ Die Telefonnummer *ist mir entfallen*. (Ich habe sie vergessen.)

• 내가 묻고자 했던 것이 무엇이었는지를 나는 깜박 잊어버렸다.

▶ *Mir ist* plötzlich *entfallen*, was ich fragen wollte. (모델, 574쪽)

gefallen

• 그가 그렇게 시각을 잘 지키지 않는다는 것이 내 마음에 들지 않는다.

▶ **Es** *gefällt* mir nicht, *dass er so unpünktlich ist*. (Ich finde das nicht schön.)

*Es는 *dass er so unpünktlich ist*를 주문장에서 미리 받아주는 '상관사(相關辭) Korrelat'이다.

• 그 선물은 그 애의 마음에 쏙 들었다.

➤ Das Geschenk *hat* dem Kind gut *gefallen*. (Es ist nach seinem Geschmack.)

> **gefallen*은 3가동사로서, '주어'(*Das Geschenk*)와 '3격 보충어'(*dem Kind*)와 '양태를 나타내는 부사적 보충어'(*gut*)가 온다. '마음에 들 때'에는 *gut*의 생략이 가능하지만(*Das Geschenk hat dem Kind gefallen.*), 마음에 들지 않을 때에는 *schlecht*가 반드시 와야 한다.(*Das Geschenk hat dem Kind schlecht gefallen.*)

herfallen

über jn. ~

• 그 개들이 그들의 먹이에 덤벼들어 성급하게 마구 먹기 시작하다.

➤ Die Hunde *fallen über* ihr Futter *her*. (Sie stürzen sich darauf und fressen es gierig.)

• 그 술 취한 사람들은 그 보행자를 습격하였다.

➤ Die Betrunkenen *fielen über* den Fußgänger *her*. (Sie überfielen und belästigten ihn.)

• 그 신문은 그 연극배우에 대해 예상치 못한 격렬한 비난을 퍼부었다.

➤ Die Presse *fiel mit Vorwürfen über* den Schauspieler *her*. (Die Kritik war schlecht.)

> **mit Vorwürfen über jn. herfallen*은 (전의적 용법)으로서 '누구에 대해 예상치 못한 격렬한 질책을 퍼붓다'의 의미이다. (모델 독한사전, 927쪽 참조)

hereinfallen

auf etw./jn. ~

• 그 가정주부는 그 행상인에게 속았다.

▶ Die Hausfrau *fiel auf* den Hausierer *herein*. (Sie glaubte ihm, aber er betrog sie.)

• 그는 그 거짓 약속들에 속아 넘어갔다.

▶ Er *ist auf* die leeren Versprechungen *hereingefallen*. (Er glaubte die leeren Versprechungen.)

hinfallen

• 그 애는 넘어졌다.

▶ Das Kind *fiel hin*. (Es stürzte.)

missfallen

• 고객들과 이야기하는 그의 태도는 내 마음에 들지 않았다.

▶ Seine Art mit den Kunden zu reden *missfiel* mir. (Sie gefiel mir nicht.)

überfallen

• 범인들은 그 여자를 기습하였다.

▶ Die Verbrecher *haben* die Frau *überfallen*. (Sie haben sie angegriffen.)

• 우리 친척들이 일요일에 예고 없이 우리를 방문했다.

▶ Unsere Verwandten *überfielen* uns am Sonntag. (Sie kamen unerwartet; U.)

• 잠이 그 건널목지기를 불시에 덮쳤다.

▶ Der Schlaf *überfiel* den Schrankenwärter. (Er schlief gegen seinen Willen ein.)

umfallen

• 나는 그 책상에 부딪쳤다, 그리고 그 꽃병이 땅에 넘어졌다.

▶ Ich stieß an den Tisch, und die Vase *fiel um*.

• 그 증인이 심문하는 동안에 자신의 처음 증언을 뒤집었다.

▶ Der Zeuge *ist* während der Vernehmung *umgefallen*. (Er sagte das Gegenteil seiner ersten Aussage.)

verfallen

• 그 집은 붕괴된다.

▶ Das Haus *verfällt*. (Es geht langsam kaputt.)

• 그 영화입장권은 무효가 된다.

▶ Die Kinokarte *verfällt* (Sie wird ungültig.)

• 그 남자는 술꾼이 되었다.

▶ Der Mann *ist* dem Alkohol *verfallen*. (Er ist ein Trinker.)

auf etw. ~

• 그 병든 남자는 별별 이상한 생각을 다 하게 된다.

▶ Der Kranke *verfällt auf* allerlei seltsame Ideen. (Er kommt auf seltsame Gedanken.)

vorfallen

- 무슨 일이 일어났니?

▶ Was *ist vorgefallen*? (Was ist passiert?)

zerfallen

- 그 알약들이 물에서 녹는다.

▶ Die Tabletten *zerfallen* im Wasser. (Sie lösen sich auf.)

- 그 책은 3부로 나누어진다.

▶ Das Buch *zerfällt* in drei Teile. (Es gliedert sich in drei Teile. Es hat drei Teile.)

mit jm. ~

- 나는 그와 사이가 나빠졌다.

▶ Ich *bin mit* ihm *zerfallen*. (Wir vertragen uns nicht mehr.)

zufallen

- 그 문이 저절로 잠겼다.

▶ Die Tür *ist zugefallen*. (Sie schloss sich von selbst.)

- 그 신분이 높은 손님을 영접하는 일은 그 시장의 몫으로 떨어진다.

▶ Dem Bürgermeister *fällt* es *zu*, den hohen Gast zu empfangen. (Es ist seine Aufgabe.)

zurückfallen

- 그 독일 경주자동차 운전수는 이 경주에서 훨씬 뒤쳐졌다.

▶ Der deutsche Rennfahrer *ist* in diesem Rennen weit *zurückgefallen*.

(Er ist einer der letzten.)

• 그 구매자는 그 할부금들을 지불할 수 없었다, 그 때문에 그 라디오는 그 회사로 도로 돌아갔다.

Der Käufer konnte die Raten nicht bezahlen, deshalb *fiel* der Radioapparat an die Firma *zurück*. (Sie bekam ihn wieder.)

zusammenfallen

• 시금치를 삶으면, 그것은 오그라든다.

Wenn man Spinat kocht, *fällt* er *zusammen*. (Sein Volumen wird kleiner.)

• 이 증언으로 인해 그 고소는 근거를 잃게 되었다.

Durch diese Zeugenaussage *ist* die Anklage *in sich zusammengefallen*. (Sie hat ihr Fundament verloren.)

*"모델독한사전"의 2394쪽에 *zusammenfallen*의 2번째 '의미변이체'로서 '오그라들다, 수축하다, 쇠퇴하다'가 소개되고, '전의적 의미'로서 *Pläne fallen in sich zusammen.* '계획들이 실현성 없는 것으로 드러나다'가 소개되고 있다.

• 내 생일은 내 여동생/누님의 생일과 일치한다.

Mein Geburtstag *fällt* mit dem meiner *Schwester zusammen*. (Er ist am gleichen Tag.)

**Schwester*는 '여동생'과 '누님'이 다 될 수 있다. 그러므로 여동생은 *jüngere Schwester*로, 누님은 *ältere Schwester*로 구분해서 표현해야 하겠다.

014

fangen vs. abfangen vs. anfangen vs. auffangen vs. einfangen vs. empfangen vs. verfangen

fangen, fing, gefangen

• 나는 그 애에게 공을 던져 준다, 그리고 그 애는 그것을 받는다.

▶ Ich werfe dem Kind den Ball zu, und es *fängt* ihn.

• 경찰은 그 도둑을 아주 빨리 붙잡았다.

▶ Die Polizei *fing* den Dieb sehr schnell. (Sie verhaftete ihn.)

• 그 집은 불이 붙었다.

▶ Das Haus *fing* Feuer. (Es begann zu brennen.)

• 그 젊은 남자는 열광했다/반했다.

▶ Der junge Mann *fing Feuer*. (Er begeisterte sich; oder: er verliebte sich; I.)

sich ~

• 첫 번째 놀람 후에 그는 빨리 자기 자신을 통제했다.

▶ Nach dem ersten Schreck *fing* er *sich* schnell wieder. (Er beherrschte sich schnell wieder.)

**sich fangen*과 *sich beherrschen*은 영어의 'control oneself/one's feelings'에 해당한다.

abfangen

• 경찰관들은 그 스파이를 도망가는 길목을 지켜 체포했다.

▶ Die Polizisten *fingen* den Spion auf seinem Fluchtweg *ab*. (Sie erwarteten und fingen ihn.)

anfangen

• 공연은 8시 정각에 시작한다.

▶ Die Vorstellung *fängt* um acht Uhr *an*. (Sie beginnt um acht Uhr.)

• 비가 오기 시작했다.

▶ Es *fing an* zu regnen. (Es begann zu regnen.)

• 너 없이 내가 무슨 일을 할 수 있겠는가?

▶ Was soll ich ohne dich *anfangen*? (Was soll ich ohne dich tun?)

• 그도 초창기에는 가난했다.

▶ Er *hat klein angefangen*. (Er war am Anfang arm; I.)

etw. mit etw./jm. ~

• 우리는 미사를 한 개의 합창으로써 시작한다.

▶ Wir *fangen* den Gottesdienst *mit* einem Choral *an*. (Wir beginnen ihn damit.)

• 그와 함께 아무 일도 할 수 없다.

▶ *Mit* ihm *ist* nichts *anzufangen*. (Mit ihm kann man nichts machen.)

**ist anzufangen*은 'kann angefangen werden'을 뜻한다.

auffangen

• 요한나는 그 공을 붙잡았다.

▶ Johanna *fing* den Ball *auf*. (Sie fing ihn.)

• 그 배의 무선통신사는 한 개의 구조요청을 수신했다.

▶ Der Funker des Schiffes *hat* einen SOS-Ruf *aufgefangen*. (Er hat ihn mit seinem Gerät aufgenommen; er hörte ihn.)

einfangen

• 그 애들은 날아서 도망간 그 새를 포획했다.

▶ Die Kinder *fingen* den entflogenen Vogel *ein*. (Sie fingen ihn, sie nahmen ihm die Freiheit.)

empfangen

• 집주인이 그 손님들을 영접했다.

▶ Der Hausherr *hat* die Gäste *empfangen*. (Er hat sie begrüßt.)

• 그는 높은 보수를 수령했다.

▶ Er *empfing* eine hohe Belohnung. (Er bekam sie.)

verfangen

• 이 거짓말은 나에게 먹혀들지 않는다.

▶ Diese Lüge *verfängt* bei mir nicht. (Ich glaube sie nicht.)

sich in etw. ~

• 그 물고기는 그물에 걸렸다.

▶ Der Fisch *hat sich in* dem Netz *verfangen*. (Er konnte nicht loskommen.)

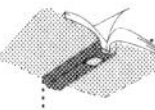

*'재귀구조'는 *haben*과 완료형을 만든다.

• 피고는 자신의 거짓말들에 자승자박되었다.

Der Angeklagte *verfing sich in* seinen Lügen. (Er widersprach sich; jeder merkte, dass er log.)

fechten vs. anfechten vs. ausfechten vs. durchfechten vs. verfechten

fechten, focht. gefochten

• 그 대학생은 플러레(펜싱검의 일종)를 가지고 싸웠다.

Der Student *focht* mit dem Florett. (Er kämpfte damit; sportliche Übung.)

anfechten

• 그 변호사는 그 판결에 대해 상소했다.

Der Rechtsanwalt *hat* das Urteil *angefochten*. (Er legte Berufung ein; er erkannte es nicht an.)

ausfechten

• 그 젊은 남자는 아버지가 동의하기 전에 그의 아버지와 격렬한 싸움을 하여 결판을 내어야만 되었다.

Der junge Mann *hatte* mit seinem Vater einen harten Kampf *auszufechten*, bevor dieser seine Zustimmung gab. (Es gab einen heftigen Streit/einen harten Kampf.)

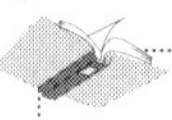

**ausfechten*의 *aus*는 '완료'의 의미를 갖고 있고, 그러므로 *ausfechten*

은 '결판이 날 때까지 싸우다'라는 의미이다. *hatte auszufechten*은 'musste ausfechten'을 뜻한다.

durchfechten

• 상인은 그 사건을 법정에서 이길 때까지 밀고 나가려고 한다.

▶ Der Kaufmann will die Angelegenheit vor Gericht *durchfechten*. (Er will deswegen einen Prozess führen.)

sich ~

• 나는 인생에서 늘 혼자 난관을 극복해야만 했다.

▶ Ich *musste mich* im Leben immer allein *durchfechten*. (모델, 474쪽)

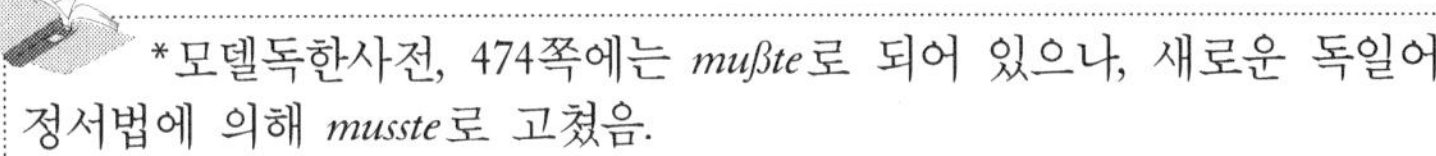

*모델독한사전, 474쪽에는 *mußte*로 되어 있으나, 새로운 독일어 정서법에 의해 *musste*로 고쳤음.

verfechten

• 연사는 그의 이념들을 옹호했다.

▶ Der Redner *verfocht* seine Ideen. (Er setzte sich sehr für sie ein.)

016

finden vs. abfinden vs. auffinden vs. befinden vs. einfinden vs. empfinden vs. erfinden vs. herausfinden vs. hineinfinden vs. vorfinden vs. zurechtfinden

finden, fand, gefunden

• 애들은 그들의 아버지를 정원에서 발견했다.

▶ Die Kinder *fanden* ihren Vater im Garten.

• 아무도 그 수수께끼의 답을 찾지 못했다.

▶ Keiner *hat* die Lösung des Rätsels *gefunden*. (Niemand wusste sie.)

• 나는 무슨 말을 해야 할 지 모르겠다.

▶ Ich *finde* keine Worte. (Ich weiß nicht, was ich sagen soll.)

• 그 영화는 관중의 갈채를 받았다.

▶ Der Film *fand den Beifall* des Publikums. (Er gefiel dem Publikum gut.)

• 많은 군인들이 전쟁에서 죽음을 당했다.

▶ Viele Soldaten *haben* im Krieg *den Tod gefunden*. (Sie sind gefallen.)

**den Beifall finden*과 *den Tod finden*의 *finden*은 '기능동사'(Funktionsverb)라고 불리고, '발견하다'라는 원래의 의미가 아니라, '갈채를 받다'와 '죽음을 당하다'에서 보듯이 '수동'의 의미를 갖고 있다.

• 나에게는 그가 건강이 안 좋아 보였다.

▶ Ich *fand*, dass er schlecht aussieht. (Nach meiner Meinung sieht er schlecht aus.)

• 당신은 그 책을 어떻게 보십니까?

▶ Wie *finden* Sie das Buch? (Wie gefällt es Ihnen?)

sich ~

• 그 책은 곧 나타날 것이다.

▶ Das Buch wird *sich* schon *finden*. (Es wird zum Vorschein kommen.)

• 그 대학생을 위한 한 일자리가 생길 것이다.

▶ Es wird *sich* eine Stelle für den Studenten *finden*. (Es wird Arbeit für ihn geben.)

• 그 젊은 남자는 자신의 가능성을 발견했다.

Der junge Mann *hat zu sich selbst gefunden*. (Er hat sich und seine Möglichkeiten erkannt.)

abfinden

jn. mit etw. ~

• 그 상인은 그의 공동경영자에게 어떤 금액으로 배상한다.

Der Kaufmann *findet* seinen Teilhaber *mit* einer Geldsumme *ab*. (Er zahlt ihn aus; er entschädigt ihn.)

sich mit etw. ~

• 바꿀 수 없는 일들에 대해서는 타협해야만 한다.

Mit den Dingen, die man nicht ändern kann, muss man *sich abfinden*. (Man muss sich zufrieden geben.)

auffinden

• 베커 씨는 찾아낼 수가 없다.

Herr Becker *ist* nicht *aufzufinden*. (Man kann ihn nicht finden.)

*Herr Becker *ist* nicht *aufzufinden*은 'Herr Becker kann nicht aufgefunden werden'을 뜻한다.

befinden

sich ~

• 많은 미국인들이 지금 독일에 있다.

Viele Amerikaner befinden sich zur Zeit in Deutschland. (Sie sind in Deutschland.)

• 입구는 오른 쪽에 있다.

▶ Der Eingang *befindet sich* auf der rechten Seite. (Er ist dort.)

• 나는 당황하고 있다.

▶ Ich *befinde mich* in Verlegenheit. (Ich bin in Verlegenheit.)

über etw. ~

• 연방재판소는 주들의 이의신청들에 대해 결정한다.

▶ Der Bundesgerichtshof *befindet über* die Beschwerden der Länder. (Er entscheidet darüber.)

einfinden

sich ~

• 제발 5시 정각에 저에게 오십시요!

▶ Bitte *finden* Sie *sich* um 5 Uhr bei mir *ein*! (Kommen Sie um diese Zeit!)

empfinden

• 그는 추위를 느낀다.

▶ Er *empfindet* die Kälte. (Er spürt sie; er fühlt sie.)

• 나는 그 일을 불유쾌하게 여긴다.

▶ Ich *empfinde* die Sache *als* unangenehm. (Sie ist mir peinlich.)

etw. an etw. ~

• 한스는 현대예술에 기쁨을 느꼈다.

▶ Hans *empfand* Freude *an* der modernen Kunst. (Er freute sich darüber.)

erfinden

• 구텐베르크는 인쇄술을 고안했다.

▶ Gutenberg *erfand* die Buchdruckerkunst. (Vor ihm gab es sie nicht; er schuf sie.)

• 그 시인은 한 이야기를 고안해낸다.

▶ Der Dichter *erfindet* eine Geschichte. (Er denkt sie sich aus.)

• 그가 한 개의 핑계거리를 꾸며내었다.

▶ Er *hat* eine Ausrede *erfunden*. (Er hat gelogen.)

• 그 소년은 특별히 영리하지는 않다.

▶ Der Junge *hat das Pulver nicht erfunden*. (Er ist nicht besonders klug; I.)

herausfinden

• 뮬러 씨는 그의 친구를 군중 속에서 찾아내었다.

▶ Herr Müller *fand* seinen Freund aus der Menge *heraus*. (Er entdeckte ihn in der Menge.)

• 그가 어디에 사는 지를 알아내세요!

▶ *Finden* Sie *heraus*, wo er wohnt! (Stellen Sie es fest!)

hineinfinden

sich in etw. ~

• 나는 나의 활동영역에 익숙해진다.

▶ Ich *finde mich in* mein Arbeitsgebiet *hinein*. (Ich lerne es verstehen. Ich arbeite mich ein.)

vorfinden

• 노동자들은 좋은 노동조건들에 마주쳤다.

Die Arbeiter *fand* gute Arbeitsbedingungen *vor*. (Er traf sie an.)

• 내가 그 회사에 나 자신을 소개하려고 했을 때에, 나는 여러 다른 구직자들이 이미 그 곳에 있음을 발견했다.

Als ich mich in der Firma vorstellen wollte, *fand* ich mehrere andere Bewerber *vor*. (Sie waren schon da.)

zurechtfinden

sich ~

• 나는 그 백화점에서 길을 잘 찾지 못한다.

Ich *finde mich* in dem Kaufhaus nicht *zurecht*. (ich finde nicht, was ich suche.)

geben vs. abgeben vs. angeben vs. aufgeben vs. ausgeben vs. begeben vs. beigeben vs. durchgeben vs. eingeben vs. ergeben vs. freigeben vs. herausgeben vs. hergeben vs. hingeben vs. mitgeben vs. nachgeben vs. preisgeben vs. übergeben vs. umgeben vs. vergeben vs. vorgeben vs. weitergeben vs. wiedergeben vs. zugeben vs. zurückgeben vs. zusammengeben

geben, gab, gegeben

• 어머니가 그 애에게 공을 준다.

Die Mutter *gibt* dem Kind den Ball.

• 나의 은행이 나에게 대출을 해준다.

▶ Meine Bank *gibt* mir einen Kredit. (Ich bekomme Kredit.)

• 아버지가 그 결혼을 허락한다.

▶ Der Vater *gibt seine Einwilligung* zur Hochzeit. (Er erlaubt die Hochzeit.)

• 나에게 불을 좀 주게!

▶ *Gib* mir Feuer! (Reiche mir ein Streichholz!)

• 영사님은 한 축제를 개최한다.

▶ Der Konsul *gibt* ein Fest. (Er veranstaltet es.)

• 난방장치에서 열을 공급한다.

▶ Die Heizung *gibt* Wärme. (Sie liefert Wärme.)

• 암소들은 우유를 공급한다.

▶ Die Kühe *geben* Milch. (Man bekommt sie(=die Milch) von ihnen.)

• 여선생님은 수업을 한다.

▶ Die Lehrerin *gibt Unterricht*. (Sie unterrichtet.)

*'누구에게서 수업을 받다'는 *Unterricht nehmen bei jm.* 이다.

• 그 학생은 대답을 했다.

▶ Der Schüler *gab eine Antwort*. (Er antwortete.)

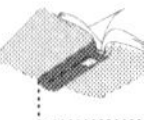

*우리말에서는 '한 대답을 하다'라고는 말하지 않는다.

• 삼촌은 조카에게 좋은 충고를 하나 해준다.

▶ Der Onkel *gibt* dem Neffen *einen guten Rat*. (Er berät ihn.)

• 판사님은 우리가 옳다고 판결한다.

▶ Der Richter *gibt* uns *Recht*. (Das Urteil ist positiv für uns.)

• 3곱하기 3은 9이다.

▶ Drei mal drei *gibt* neun. (Das Resultat ist neun.)

• 사람들이 그에게 작은 손가락을 주면, 그는 곧 손 전체를 잡는다.

▶ Wenn man ihm den kleinen Finger *gibt*, nimmt er gleich die ganze Hand. (Er nützt unsere Freundlichkeit aus; Sprw.)

• 한 마디 말이 다른 말로 대답하게 하여 서로 싸우게 되었다.

▶ Ein Wort *gab* das andere. (Sie kamen in Streit; I.)

abgeben

• 난로는 열을 내뿜는다.

▶ Der Ofen *gibt* Wärme *ab*. (Er liefert Wärme.)

• 나는 투표한다.

▶ Ich *gebe* meine Stimme *ab*. (Ich wähle.)

• 비평가는 그의 판단을 내렸다.

▶ Der Kritiker *gab* sein Urteil *ab*. (Er sagte sein Urteil.)

• 오빠/남동생은 그의 여동생에게 사과 한 개를 선물했다.

▶ Der Bruder *hat* seiner Schwester einen Apfel *abgegeben*. (Er schenkte ihn ihr.)

sich mit jm ~

• 산지기는 그의 개들과 많이 놀아주었다.

▶ Der Förster *gab sich viel mit* seinen Hunden *ab*. (Er beschäftigte sich mit ihnen.)

angeben

• 제발 그렇게 허풍떨지 마라!

▶ *Gib* bloß nicht so *an*! (모델, 92쪽)

• 그 청년이 허풍을 떨고 있다.

▶ Der Bursche *gibt an*. (Er übertreibt.)

• 내 친구는 만날 장소를 말한다.

▶ Mein Freund *gibt* den Treffpunkt *an*. (Er sagt, wo wir uns treffen wollen.)

• 그 독자적 상인은 자신의 수입을 신고해야 한다.

▶ Der selbständige Kaufmann muss sein Einkommen *angeben*. (Er muss sagen, wie hoch es ist.)

• 이 사회계층이 우리 도시에서 유행을 선도한다.

▶ Dieser Gesellschaftskreis *gibt* in unserer Stadt *den Ton an*. (Er bestimmt den Lebensstil unserer Stadt; I.)

mit etw. ~

• 너의 새 차를 그렇게 허풍떨며 지나치게 자랑하지는 마라!

▶ *Gib* doch nicht so *an* ***mit deinem neuen Auto***! (gespr.; pej.) (Langenscheidt, S. 44)

*분리전철 *an*이 제일 뒤에 오는 것이 '정상 어순'이지만, ***mit deinem neuen Auto***를 강조하여 '동사틀 verbaler Rahmen'보다 뒤에 오게 하여 '레마 Rhema'로 강조했다.

jn. als etw. ~ (bei der Polizei)

• 그 증인은 한 금발 색 머리카락의 젊은이를 범인으로 신고하였다.

➤ Der Zeuge *gab* einen blonden Jugendlichen *als Täter an*. (Langenscheidt, S. 44)

aufgeben

• 그 소포를 당신은 4번 창구에서 부쳐야 한다.

➤ Das Paket müssen Sie am Schalter 4 *aufgeben*. (Sie können es von dort abschicken.)

• 그 여선생님은 그 애들에게 과제를 많이 부과했다.

➤ Die Lehrerin hat den Kindern viel *aufgegeben*.

• 그 자동차경주자는 경기를 포기했다.

➤ Der Rennfahrer *gab auf*. (Er kämpfte nicht weiter.)

• 그는 아직 이길 수 있다는 희망을 버렸다.

➤ Er *gab* die Hoffnung *auf*, noch gewinnen zu können. (Er hatte keine Hoffnung mehr.)

ausgeben

• 그 가족은 집세로 100유로를 지출한다.

➤ Die Familie *gibt* 100 Euro für Miete *aus*. (Sie bezahlt 100 Euro.)

sich als jd. ~

• 그 낯선 남자는 자신을 백작으로 사칭했다.

➤ Der Fremde *gab sich als* Graf *aus*. (Er sagte, er sei Graf, war es aber nicht. Er war ein Hochstapler.)

begeben

sich ~

- 대표단은 함부르크로 간다.

  ▶ Die Delegation *begibt sich nach* Hamburg. (Sie fährt nach Hamburg.)

- 당신은 당신의 일을 시작 하세요!

  ▶ *Begeben* Sie *sich an* Ihre Arbeit! (Beginnen Sie zu arbeiten!)

- 폭파기능장은 매일 자신을 위험에 빠뜨린다.

  ▶ Der Sprengmeister *begibt sich* täglich *in Gefahr*. (Er gefährdet sich täglich.)

beigeben

- 그 출판사는 그들의 편지에 가격표 한 개를 동봉했다.

  ▶ Der Verlag *hat* seinem Schreiben eine Preisliste *beigegeben*. (Er schickte sie mit dem Brief.)

- 연사는 양보/굴복한다.

  ▶ Der Redner *gibt klein bei*. (Er gibt sich geschlagen, er lenkt ein. I.)

durchgeben

- 우체국관리는 나에게 전보 한 건을 전화로 전달해주었다.

  ▶ Der Postbeamte *hat* mir ein Telegramm *durchgegeben*. (Er sagte es mir telefonisch durch.)

eingeben

- 간호사는 그 환자에게 약을 한 개 복용시켰다.

▶ Die Schwester *gab* dem Kranken eine Medizin *ein*. (Er musste sie nehmen.)

• 그 생각의 영감을 하느님이 나에게 주었다.

▶ Den Gedanken *hat* mir Gott *eingegeben*. (Der Gedanke kam von Gott zu mir.)

• 우리들의 담소가 나에게 새로운 아이디어들에 대한 영감을 주었다.

▶ Unsere Unterhaltung *hat* mir neue Ideen *eingegeben*. (Sie hat mich darauf gebracht.)

jn. zu etw. ~

• 그 부서장은 그 관리를 승진시킬 것을 제안했다.

▶ Der Abteilungschef *gab* den Beamten *zur* Beförderung *ein*. (Er schlug ihn vor.)

ergeben

• 5 더하기 4는 9가 된다.

▶ Fünf und vier *ergibt* neun. (5 + 4 = 9)

• 그 포도즙은 한 개의 좋은 포도주를 산출했다.

▶ Der Most *hat* einen guten Wein *ergeben*. (Es wurde ein guter Wein daraus.)

• 그 조사는 결과적으로 그의 무죄를 밝혀주었다.

▶ Die Untersuchung *ergab* seine Unschuld. (Sie zeigte sie.)

sich ~

• 그 부대는 적에게 항복한다.

▶ Die Truppe *ergibt sich* dem Gegner. (Sie legt die Waffen nieder; sie kämpft nicht mehr.)

• 그 무직자는 음주에 빠져들었다.

▶ Der Arbeitslose *hat sich* dem Trunk ergeben. (Er trinkt.)

sich aus etw. ~

• 그 조사의 결과로서 의견의 일치는 불가능하다는 사실이 판명되었다.

▶ *Aus* der Untersuchung *ergab sich*, dass eine Einigung unmöglich war. (Die Unterredung zeigte das.)

freigeben

• 사람들은 그 포로를 석방한다.

▶ Man *gibt* den Gefangenen *frei*. (Man entlässt ihn.)

herausgeben

• 그 급사는 잔돈이 없었다.

▶ Der Kellner konnte nicht *herausgeben*. (Er hatte kein Kleingeld.)

• 이 출판사는 교과서들을 출판한다.

▶ Dieser Verlag *gibt* Schulbücher *heraus*. (Er druckt und verlegt sie.)

hergeben

• 그 칼을 이리 주게!

▶ *Gib* das Messer *her*! (Gib mir das Messer!)

sich zu etw. ~

• 나는 그 일은 하지 않겠어!

▶ *Dazu gebe* ich *mich* nicht *her*! (Ich tue das nicht! U.)

hingeben

sich jm./etw. ~

• 내 딸은 그녀의 직업에만 전적으로 몰두했다.

▶ Meine Tochter *hat sich* ganz ihrem Beruf *hingegeben*. (Sie hat nur dafür Interesse.)

mitgeben

• 어머니는 그 애에게 2유로를 주어 보냈다.

▶ Die Mutter *gab* dem Kind zwei Euro *mit*. (Das Kind ging weg und bekam zwei Euro.)

• 아버지는 그의 아들에게 한 개의 좋은 교육을 받게 해주었다.

▶ Der Vater *gab* seinem Sohn eine gute Ausbildung *mit*. (Er hatte ihn für sein späteres Leben gut ausbilden lassen.)

nachgeben

• 적이 무너진다.

▶ Der Feind *gibt nach*. (Er geht zurück.)

• 주가가 떨어진다.

▶ Die Börsenkurse *geben nach*. (Sie fallen.)

• 더 영리한 자가 양보한다.

▶ Der Klügere *gibt nach*. (Er streitet nicht; Sprw.)

• 아버지는 그 딸의 요구들에 설득되었다.

▶ Der Vater *gab* den Bitten der Tochter *nach*. (Er ließ sich überreden.)

preisgeben

• 내 형은 오랫동안 지켜왔던 한 개의 비밀을 털어놓았다.

▶ Mein Bruder *gab* ein lang gehütetes Geheimnis *preis*. (Er erzählte es.)

übergeben

• 교육부장관은 그 작가에게 그 상을 수여했다.

▶ Der Kultusminister *übergab* dem Dichter den Preis. (Er gab ihn ihm feierlich.)

• 그 다리가 개통되었다.

▶ Die Brücke *wurde* dem Verkehr *übergeben*. (Sie wurde eingeweiht.)

sich ~

• 그 술에 취한 남자가 토한다.

▶ Der Betrunkene *übergibt sich*. (Er muss brechen.)

umgeben

• 그 숲이 그 도시를 둘러싸고 있다.

▶ Der Wald *umgibt* die Stadt. (Sie liegt mitten in Wäldern.)

• 사장은 자신을 성실한 동료들로 에워싸게 했다.

▶ Der Chef *hat sich mit* treuen Mitarbeitern *umgeben*. (Um ihn sind nur treue Mitarbeiter.)

vergeben

• 내 약혼자는 나에게 그 실수를 용서해주었다.

▶ Mein Verlobter *hat* mir den Fehler *vergeben*. (Er hat ihn mir verziehen.)

etw. an jn. ~

• 그 도시는 그 건축공사들을 회사 X에 도급을 줄 것이다.

▶ Die Stadt wird die Bauarbeiten *an* die Firma X *vergeben*. (Die Firma wird den Auftrag bekommen.)

vorgeben

• 프리츠는 이 일에 대해 아무것도 모르는 체 했다.

▶ Fritz *gab vor*, von dieser Sache nichts zu wissen. (Er leugnete, aber ich glaube ihm nicht.)

• 그 운동선수는 그의 상대에게 20 m 더 앞에서 출발하게 한다.

▶ Der Sportler *gibt* seinem Gegner 20 m *vor*. (Er gibt ihm einen Vorsprung.)

weitergeben

• 신문들은 그 뉴스들을 계속 전파한다.

▶ Die Zeitungen *geben* die Nachrichten *weiter*. (Sie verbreiten sie.)

wiedergeben

• 나는 나의 여선생님에게 그 책을 돌려준다.

▶ Ich *gebe* meiner Lehrerin das Buch *wieder*. (Ich gebe es zurück.)

• 그 대학생은 그 교수님이 한 그 연설의 내용을 반복했다.

▶ Der Student *gab* den Inhalt der Rede *wieder*, die der Professor gehalten hat. (Er wiederholte den Inhalt.)

zugeben

• 나는 내 실수를 인정한다.

▶ Ich *gebe* meinen Fehler *zu*. (Ich sage, dass ich weiß, dass ich einen Fehler gemacht habe.)

• 그 상인은 항상 무엇을 덤으로 더 준다.

▶ Der Kaufmann *gibt* immer etwas *zu*. (Er gibt mehr, als er müsste.)

• 합창단은 재청으로 노래를 또 한 곡 불렀다.

▶ Der Chor *hat* ein Lied *zugegeben*. (Er sang noch ein Lied.)

zurückgeben

• 언제 당신은 그 빌려간 책을 나에게 돌려줄 것입니까?

▶ Wann *geben* Sie mir das geborgte Buch *zurück*?

• 너는 이제 약속한 것을 지키지 않아도 좋다.

▶ Ich *gebe* dir dein Wort *zurück*. (Ich löse dich von deinem Versprechen.)

zusammengeben

• 신부님은 그 젊은 한 쌍의 성혼을 공식적으로 선언했다.

▶ Der Pfarrer *gab* das junge Paar *zusammen*. (Er traute es; I.)

gehen vs. abgehen vs. angehen vs. aufgehen vs. auseinandergehen vs. ausgehen vs. begehen vs. durchgehen vs. eingehen vs. entgehen vs. ergehen vs. hergehen vs. hervorgehen vs. hinausgehen vs. hingehen vs. hinweggehen vs. hintergehen vs. losgehen vs. nachgehen vs. übergehen vs. umgehen vs. untergehen vs. vergehen vs. vorangehen vs. vorbeigehen vs. vorgehen vs. zergehen vs. zugehen

gehen, ging, gegangen

(1) sich zu einem Ziel begeben (oder etw. besuchen)

- 그 여학생은 학교 안으로 걸어서 들어갔다/그 여학생은 학교에 갔다.
  - Die Schülerin *ging in die* Schule. (Sie ging zu Fuß, oder sie besuchte die Schule.)

*'이동의 방향'을 나타낼 때에는 방향을 나타내는 전치사 다음에 '4격'이 온다.

- 나는 우유를 가지러 간다.
  - Ich *gehe zum* Milchholen.

- 그 선원은 그의 배에 승선했다.
  - Der Matrose *ist an Bord* seines Schiffes *gegangen*.

übertr.

- 그 여자는 수영하러 갔다; 또는: 그녀는 자살했다.
  - Die Frau *ist ins Wasser gegangen*. (Sie hat gebadet; oder: Sie hat Selbstmord begangen.)

- 너는 내 신경에 거슬린다.

▶ Du *gehst mir auf die Nerven*. (Ich kann dich nicht ertragen.)

*mir*는 '소유의 3격 possessiver Dativ'으로서 *auf die Nerven*의 소유주를 나타낸다.

• 더 좋은 사람이 되어라!

▶ *Gehe in dich*! (Bessere dich!)

• 너의 소원이 이루어진다.

▶ Dein Wunsch *geht in Erfüllung*. (Du bekommst, was du gewünscht hast.)

*in Erfüllung gehen*은 '기능동사 구문 Funktionsverbgefüge'이다. 이 구문의 특징은 '시작'과 '계속'과 '야기' 등의 '동작태 Aktionsart'를 표현할 수 있다는 점에 있다.

계속: *sich in Abhängigkeit befinden* '종속관계에 있다'; *Angst haben* '불안하다'

시작: *in Abhängigkeit kommen/geraten* '종속관계에 들어가기 시작하다'; *Angst bekommen* '불안에 빠져들기 시작하다

야기: *in Abhängigkeit bringen* '종속관계에 빠뜨리다'; *in Angst versetzen* '불안에 빠뜨리다'

• 그 친구의 죽음이 나를 슬프게 한다.

▶ Der Tod des Freundes *geht mir zu Herzen*. (Er macht mich traurig; I.)

*mir*는 '소유의 3격 possessiver Dativ'으로 '신체의 일부'인 *Herz*의 소유주를 나타낸다.

(2) Zu Fuß gehen; laufen

• 나는 차라리 걸어가겠다.

▶ Ich *gehe* lieber *zu Fuß*.

• 그 소년은 여름에는 맨 발로 걸어 다닌다.

▶ Der Junge *geht* im Sommer barfuß.

übertr.

• 그는 옷을 잘 입고 다닌다.

▶ Er *geht* gut gekleidet. (Er zieht sich gut an.)

• 숙모는 상복을 입었다.

▶ Die Tante *geht* in Trauer. (Sie trägt Schwarz.)

• 나는 나의 사장을 피한다.

▶ Ich *gehe* meinem Chef *aus dem Wege*. (Ich meide ihn; I.)

• 그녀는 그녀의 상관에게 아첨한다.

▶ Sie *geht* ihrem Vorgesetzten *um den Bart*. (Sie schmeichelt ihm; I.)

(3) weggehen, abfahren

• 그 기차는 12시 정각에 출발한다.

▶ Der Zug *geht* um 12 Uhr.

übertr.

• 그 관리는 65세였기 때문에 정년퇴직을 해야만 되었다.

▶ Der Beamte musste *in Pension gehen*, weil er 65 war. (Er arbeitete nicht mehr.)

in Pension sein 은 '연금 생활을 하고 있다'이므로 '계속'의 동작태를 나타내고, *in Pension gehen*은 '연금을 받기 시작하다'를 의미하므로 '시작'의 동작태와 더불어 '수동적 의미'도 갖게 된다.

in Druck gehen = 'gedruckt werden'; *in Erfüllung gehen* = 'erfüllt werden'; *in Herstellung gehen* = 'hergestellt werden'.

*in Druck gehen*에서 기능동사를 *gehen*에서 *geben*으로 바꾸면, '야기'의 의미가 추가되면서, '행위의 주체 Agens'가 주어로 추가로 오게 되므로 능동적 의미로 변화 된다. *Das Buch geht in Druck.* → *Der Verlag gibt das Buch in Druck.*

• 할아버지는 일요일에 우리로부터 떠나가셨다/돌아가셨다.

▶ Der Großvater *ist* am Sonntag *von* uns *gegangen*. (Er ist gestorben; I.)

*gehen*의 원래의 의미는 '장소의 이동'이고, '관용구'로서의 의미/'숙어적 의미'는 '상태의 변화'에 해당하므로 둘 다 *sein*과 결합한다.

(4) in Bewegung sein

• 내 시계는 정확하게 가지 않고 있다.

▶ Meine Uhr *geht* nicht richtig. (Sie zeigt nicht die richtige Zeit.)

• 초인종은 고장이 나지 않았다.

▶ Die Klingel *geht*. (Es läutet; oder: sie funktioniert.)

übertr.

• 그 사업은 번창하고 있다.

▶ Das Geschäft *geht* ausgezeichnet. (Es floriert.)

• 공격은 그 장관을 대상으로 삼고 있다.

▶ Der Angriff *geht gegen* den Minister. (Er wird angegriffen.)

- 여기에 무슨 일이 일어나고 있니?

▶ Was *geht* hier *vor sich*? (Was geschieht? Was ist hier los?)

(5) unpersönliche Ausdrücke

*'비 인칭 표현'(unpersönliche Ausdrücke) 이란 es가 인칭대명사로서 사용된 것이 아니라, '문법적 주어'로서 사용된 경우를 말한다. 이 es는 문법적으로 옳은 문장이 되려면 생략될 수 없다는 특징이 있다.

- 당신은 당신의 방에 만족합니까? －그럭저럭 만족합니다.

▶ Sind Sie mit Ihrem Zimmer zufrieden? －*Es geht*. (Es gibt bessere, aber auch schlechtere Zimmer.)

- 너는 어떻게 지내니? －나는 잘 지내.

▶ *Wie geht es dir? －Es geht mir gut.*

- 너는 내일 나를 방문할 수 있겠니? －아니. 내일은 안 돼.

▶ Kannst du mich morgen besuchen? －Nein, morgen *geht es* nicht. (Es ist unmöglich.)

- 그 관리가 매수당했다는 소문이 돈다.

▶ *Es geht die Rede, dass* sich der Beamte hat bestechen lassen. (Man sagt es.)

die Rede(＝소문) 다음에는 항상 '소문'의 내용이 '*dass*-문장'으로 뒤따른다.

- 곧 정오가 된다.

▶ *Es geht auf* Mittag. (Es ist bald Mittag.)

• 내 명예에 관한 일이다.

▶ *Es geht um* meine Ehre. (Es handelt sich um meine Ehre.)

abgehen

• 우편물이 8시 30분 정각에 발송된다.

▶ Die Post *geht* um 8.30 *ab*. (Sie wird weggebracht.)

• 에두아르트는 절망적인 몸짓을 하고 떠나간다.

▶ Eduard macht eine verzweifelte Geste und *geht ab*. (모델, 12쪽)

• 그런 다음에 그 길은 왼쪽으로 꺾인다.

▶ Der Weg *geht* dann *links ab*. (모델, 12쪽)

• 그 상품이 날개 달린 듯이 잘 팔린다.

▶ Die Ware *geht reißend ab*. (모델, 12쪽)

• 산지기는 담당구역을 시찰한다.

▶ Der Förster *geht das Revier ab*. (Er geht herum und kontrolliert es.)

• 그 단추들은 쉽게 떨어진다.

▶ Die Knöpfe *gehen* leicht *ab*. (Sie lösen sich leicht.)

• 내 외투에서 단추 한 개가 떨어져 나갔다.

▶ Mir ist ein Knopf *vom* Mantel *abgegangen*. (Langenscheidt, S. 6)

• 모든 것이 훌륭하게 진행되었다.

▶ Es *ist* alles *ausgezeichnet abgegangen*. (Es ist gut verlaufen.)

**ausgezeichnet*는 '양태 Art und Weise'를 나타내는 '부사적 보충어 Adverbialergänzung'로서 생략할 수 없는 '필수적 문장성분'(Ergänzung)이다.

• 그에게 부족한 것은 아무 것도 없다.

Ihm geht nichts *ab*. (Es fehlt ihm nichts.)

von etw. ~

• 그 학생은 8학년에 졸업했다.

Der Schüler *ging von/aus* der achten Klasse *ab*. (Er verließ die Schule.)

• 그 액수에서 10%가 더 공제된다.

Von der Summe gehen noch 10% *ab*. (Man muss soviel abziehen.)

angehen

• 그는 나에게 돈을 요청했다.

Er *hat mich um* Geld *angegangen*. (Er bat mich um Geld.)

• 그 경우는 나와 아무 관계가 없다.

Der Fall *geht mich nichts an*. (Er betrifft mich nicht.)

• 그 공연은 8시 정각에 시작했다.

Die Vorstellung *ist* um 8 Uhr *angegangen*. (Sie hat begonnen.)

aufgehen

• 태양은 여름에는 일찍 떠오른다.

Die Sonne *geht* im Sommer früh *auf*. (Sie erscheint am Horizont.)

• 그 싹이 움터 올라왔다.

Die Saat *ist aufgegangen*. (Sie kommt aus der Erde.)

• 그 문이 열렸다.

Die Tür *ging auf*. (Sie öffnete sich.)

• 그 계산과제는 나머지가 없이 딱 떨어진다.

▶ Die Rechenaufgabe *geht auf.* (Es bleibt kein Rest.)

• 그 집은 불길 속에서 완전히 소실되었다.

▶ Das Haus *ging* in Flammen *auf.* (Es verbrannte ganz.)

• 나는 무엇을 깨닫게 되었다.

▶ *Mir sind die Augen aufgegangen.* (Ich habe etw. durchschaut; I.)

> **Mir*는 *die Augen*의 소유주를 나타내는 '소유의 3격 possessiver Dativ'이다.

• 그는 갑자기 이해하게 되었다.

▶ Ihm *geht ein Licht auf.* (Er hat plötzlich verstanden; I., U.)

auseinandergehen

• 그 친구들은 헤어진다.

▶ Die Freunde *gehen auseinander.* (Sie trennen sich.)

ausgehen

• 가족 전체는 외출한다.

▶ Die Familie *geht aus.* (Sie verlässt das Haus; meistens zum Vergnügen.)

> *Die Familie는 단수형이지만 '가족 구성원전부'를 뜻하는 '집합 명사'이다.

• 그 영화는 좋게 끝났다.

▶ Der Film *ging* ***gut*** *aus.* (Er hatte ein gutes Ende.)

*gut은 '양태 Art und Weise'를 나타내는 '부사적 보충어 Adverbialergänzung'로서 필수적 문장성분이다.

• 불은 꺼졌다.

▶ Das Feuer *ist ausgegangen*. (Es ist erloschen.)

• 버찌들은 다 팔렸다.

▶ Kirschen *sind ausgegangen*. (Es gibt keine Kirschen mehr zu kaufen.)

• 그 늙은이에게 머리카락이 다 빠졌다.

▶ Dem alten Mann *sind* die Haare *ausgegangen*. (Er hat sie verloren.)

*ausgegangen*은 '장소의 이동'을 나타내므로 전부 *sein*과 더불어 완료형을 만들었다.

auf etw. ~

• 그 사업가는 사기를 시도한다.

▶ Der Geschäftsmann *geht auf* Betrug *aus*. (Er versucht zu betrügen.)

von etw. ~

• 비열한 행동의 범인은 내 이웃이다.

▶ Die Gemeinheit *geht von* meinem Nachbarn *aus*. (Er ist der Urheber.)

• 그 학생은 틀린 전제조건들에서 출발했다.

▶ Der Schüler *ging von* falschen Voraussetzungen *aus*. (Er begann mit falschen Voraussetzungen.)

begehen

• 그 회사의 주인은 그의 생일을 축하했다.

▶ Der Inhaber der Firma *beging* seinen Geburtstag. (Er feierte ihn.)

• 그들은 한 개의 실수를 저지른다.

▶ Sie *begehen* einen Fehler. (Sie machen ihn.)

• 그 범죄자가 그 살인을 저질렀다.

▶ Der Verbrecher *hat* den Mord *begangen*. (Er führte ihn aus.)

durchgehen

• 말들이 달아났다.

▶ Die Pferde *sind durchgegangen*. (Man konnte sie nicht halten.)

• 그 청원은 수락되었다.

▶ Der Antrag *ging durch*. (Er wurde genehmigt.)

• 장부계는 그 계산서들을 꼼꼼하게 검토한다.

▶ Der Buchhalter *geht* die Rechnungen *durch*. (Er prüft sie genau.)

• 경리는 금고를 가지고 도망갔다.

▶ Der Kassierer *ist mit* der Kasse *durchgegangen*. (Er ist damit geflohen.)

etw. ~ lassen

• 그 경찰관은 그 교통위반사건을 고발하지 않고 봐주었다.

▶ Der Polizist *ließ* die Verkehrsüberschreitung *durchgehen*. (Er machte keine Anzeige.)

eingehen

• 그 편지는 우리에게 배달되지 않았다.

▶ Der Brief ist nicht *bei uns eingegangen*. (모델, 519쪽)

• 그 옷은 줄어들었다.

▶ Das Kleid *ist eingegangen*. (Es ist durchs Waschen kleiner geworden.)

• 우리 개는 걱정 때문에 죽었다.

▶ Unser Hund *ist* aus Kummer *eingegangen*. (Langenscheidt, S. 259)

• 그 사건들은 역사적 의미를 획득하게 되었다. (모델, 519쪽)

▶ Die Ereignisse *sind in die* Geschichte *eingegangen*.

*'장소의 이동'을 나타내므로 전치사 *in* 다음에 3격이 아니라 4격이 왔다.

• 그 나무는 고사(枯死)한다.

▶ Der Baum *geht ein*. (모델, 519쪽)

auf etw. ~

• 그는 나의 제안에 동의했다.

▶ Er *ging auf* meinen Vorschlag *ein*. (Er zeigte Interesse dafür; oder: Er war damit einverstanden.)

entgehen

• 그 사업의 계약은 내가 따내지 못했다.

▶ Das Geschäft *ist mir entgangen*. (Ich habe den Auftrag nicht bekommen.)

• 신문에 난 그 광고를 나는 보지 못하고 놓쳤다.

▶ Die Anzeige in der Zeitung *ist meiner Aufmerksamkeit entgangen*. (Ich habe sie nicht gelesen.)

sich[3] nichts ~ lassen

• 그녀는 잘 살고 있다.

▶ Sie lässt *sich nichts entgehen*. (Sie lebt gut.)

ergehen

• 당신은 캐나다에서 어떻게 지냈습니까?

▶ *Wie ist es Ihnen in Kanada ergangen*? (Wie ist es Ihnen gegangen?)

• 당신도 초대장을 받게 됩니다.

▶ Es *ergeht* auch eine Einladung *an Sie*. (Sie bekommen sie.)

hergehen

• 그 축제는 아주 흥겨웠다.

▶ *Bei der Feier ging es hoch her*. (Man war sehr lustig.)

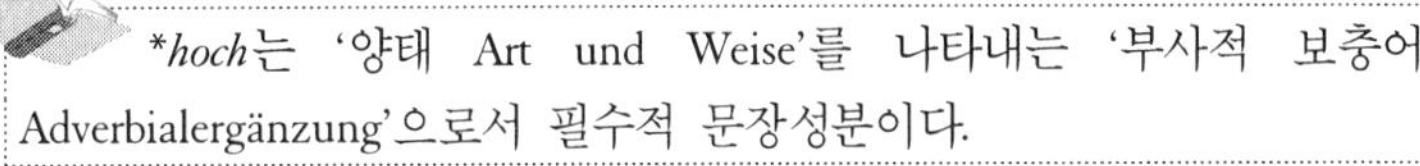

**hoch*는 '양태 Art und Weise'를 나타내는 '부사적 보충어 Adverbialergänzung'으로서 필수적 문장성분이다.

hervorgehen

aus etw. ~

• 그 짜이쓰 공장들은 한 작은 안경제조공장에서 생겨났다.

▶ Die Zeißwerke *sind aus* einer kleinen Optikerwerkstatt *hervorgegangen*. (Sie entwickelten sich daraus.)

hinausgehen

• 방에서 나가세요!

▶ *Gehen* Sie *hinaus*! (Verlassen Sie das Zimmer!)

auf etw. ~

• 너의 제안도 같은 결과를 가져온다.

▶ Dein Vorschlag *geht auf das* Gleiche *hinaus*. (Das Resultat ist gleich.)

hingehen

• 그에게 가라!

▶ *Geh zu* ihm *hin*! (Besuche ihn!)

• 시간은 지나가버린다.

▶ Die Zeit *geht hin*! (Sie vergeht.)

hinweggehen

über etw. ~

• 그는 내 질문에 대답하지 않고 넘어갔다.

▶ Er *ist über* meine Frage *hinweggegangen*. (Er beantwortete sie nicht.)

• 선생님은 그 학생의 뻔뻔함을 간과할 수 없다.

▶ Der Lehrer kann *über* die Frechheit des Schülers nicht *hinweggehen*. (Er kann sie nicht übersehen.)

hintergehen

• 그는 나를 계속 속여 왔다.

▶ Er *hat* mich dauernd *hintergangen*. (Er hat mich betrogen.)

losgehen

• 그 축구경기는 3시 정각에 시작된다.

▶ Das Fussballspiel *geht* um 3 Uhr *los*. (Es beginnt; U.)

• 탄환이 발사되었다.

▶ Der Schuß *ist losgegangen*. (Die Waffe hat sich entladen.)

auf jn. ~

• 그 개가 그 남자를 공격한다.

▶ Der Hund *geht auf* den Mann *los*. (Er greift ihn an.)

mitgehen

mit jm. ~

• 그 애는 내 남편과 함께 간다.

▶ Das Kind *geht mit* meinem Mann *mit*. (Es begleitet ihn.)

• 그 대학생들은 도취되어 그 교수님의 사고과정을 쫓아갔다.

▶ Die Studenten *gingen* begeistert *mit* den Gedankengängen des Professors *mit*. (Sie folgten ihnen.)

nachgehen

• 그 시계가 늦게 간다.

▶ Die Uhr *geht nach*. (Sie geht zu langsam.)

• 그 젊은 남자는 그 소녀를 따라갔다.

▶ Der junge Mann *ging* dem Mädchen *nach*. (Er folgte ihr.)

• 많은 여성들이 오늘날 한 개의 직장생활을 한다.

▶ Viele Frauen *gehen* heute *einem Beruf nach*. (Sie arbeiten in einem Beruf.)

• 그 날의 사건들이 오랫동안 그녀의 머리에 남아 있었다.

▶ Die Ereignisse des Tages *gingen ihr* noch lange *nach*. (모델, 1442쪽)

• 항상 제 이익만을 추구할 수는 없다.

▶ *Man* kann nicht immer nur *seinen Interessen nachgehen*. (모델, 1442쪽)

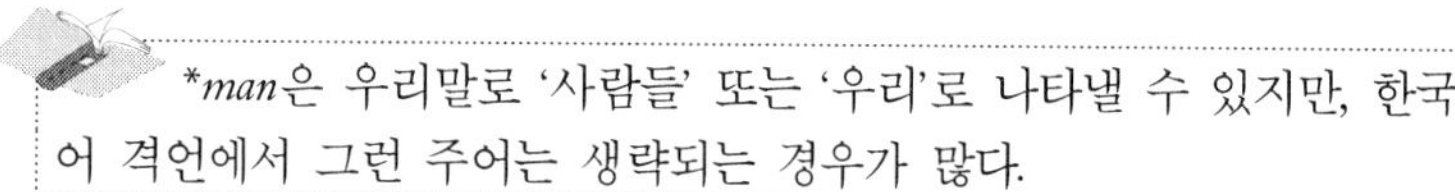

*man*은 우리말로 '사람들' 또는 '우리'로 나타낼 수 있지만, 한국어 격언에서 그런 주어는 생략되는 경우가 많다.

übergehen: (trennbar und untrennbar)

• 사람들이 뮬러 씨를 승진에서 빠뜨렸다.

▶ Man *hat* Herrn Müller *bei der Beförderung übergangen*. (Man hat ihn nicht berücksichtigt.)

• 그는 배고픔에도 불구하고 먹지 않았다.

▶ Er *hat* seinen Hunger *übergangen*. (Er hat trotz seines Hungers nicht gegessen.)

zu jm./etw. ~

• 그 도망병은 적에게 넘어간다.

▶ Der Deserteur *geht zu* dem Feind *über*. (Er läuft über.)

• 의사일정으로 화제를 바꾸자!

▶ *Gehen* wir *zur* Tagesordnung *über*! (Beginnen wir damit!)

umgehen: (trennbar und untrennbar)

• 그 의사는 분명한 대답을 피해 간다.

▶ Der Arzt *umgeht* eine deutliche Antwort. (Er vermeidet sie.)

*우리말에서는 '분명한 대답'이라고 '한' 없이 말해도 되지만, 독일어에서는 명사의 종류를 구분해줄 때에는 항상 부정관사가 온다: Sie ist *eine* schöne Frau; Gold ist *ein* Edelmetall.

• 3월에 독감이 유행했다.

▶ Im März *ist* die Grippe *umgegangen*. (Es gab viele Grippekranke; U.)

*독일어에서는 태양이나 달이 *die* Sonne, *der* Mond로 표현된다. 즉 이 세상에 하나뿐인 자연계이므로 고유명사로 취급하여 정관사가 붙는다. '독감'도 그런 측면에서 보면 '특별한 종류의 감기'이므로 고유명사로 취급하여 정관사를 붙인다. 그러나 우리말에서는 독일어에서 정관사를 사용할 때, 항상 '그'를 사용하지는 않고, 문맥상 앞에 언급된 어떤 특정사물을 지시할 때에만 '그'를 사용한다.

mit etw./jm. ~

• 여자 조수는 그 기구를 조심스럽게 취급한다.

▶ Die Assistentin *geht mit dem Apparat vorsichtig um*. (Sie behandelt ihn vorsichtig.)

**vorsichtig*는 '양태 Art und Weise'를 나타내는 '부사적 보충어 Adverbialergänzung'이므로 생략이 불가능하다.

untergehen

• 그 배는 침몰했다.

▶ Das Schiff *ist untergegangen*. (Es ist gesunken.)

• 태양이 진다.

▶ Die Sonne *geht unter*. (Sie verschwindet am Abend.)

• 그 연사의 마지막 말들은 갈채 소리 때문에 들리지 않았다.

▶ Die letzten Worte des Redners *gingen* im Beifall *unter*. (Sie wurden nicht mehr verstanden.)

vergehen

• 시간은 빠르게 지나간다.

▶ Die Zeit *vergeht* schnell. (Sie eilt schnell vorüber.)

• 7월에는 하루도 비가 오지 않고 지나간 날이 없다.

▶ Im Juli *verging* kein Tag ohne Regen. (Es regnete jeden Tag.)

• 나의 두통이 사라진다.

▶ Meine Kopfschmerzen *vergehen*. (Sie hören auf.)

vorangehen

• 우리 집의 건축이 잘 진척된다.

▶ Unser Hausbau *geht* gut *voran*. (Er macht gute Fortschritte.)

• 신부님은 그의 교구에 좋은 예로 모범을 보여준다.

▶ Der Pfarrer *geht seiner Gemeinde mit gutem Beispiel voran*. (Er gibt ein gutes Beispiel.)

vorbeigehen/vorübergehen

• 나의 친구는 우리 집을 들리지 않고 그냥 통과한다.

▶ Mein Freund *geht* an unserem Haus *vorbei/vorüber*. (Er kommt nicht herein.)

• 우리 인생의 가장 아름다운 날들은 가장 빨리 지나간다.

Die schönsten Tage unseres Lebens *gehen* am schnellsten *vorbei/vorüber*. (Sie vergehen zu schnell.)

vorgehen

• 당신이 먼저 가세요, 내가 뒤 따라 가겠소.

Gehen Sie *vor*, ich komme nach!

• 시계가 빨리 간다.

Die Uhr *geht vor*. (Sie geht zu schnell.)

• 노인이 먼저 입장한다.

Das Alter geht vor. (Man muss es bevorzugt behandeln; es hat den Vortritt.)

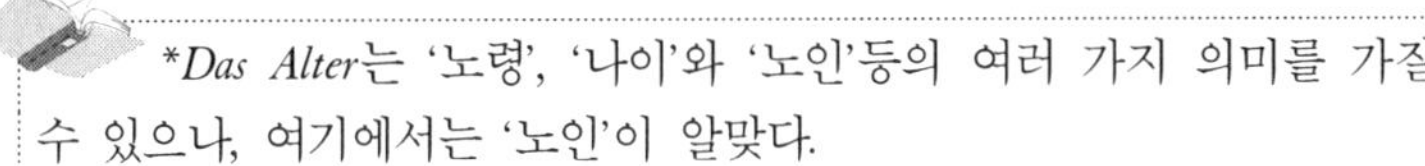

**Das Alter*는 '노령', '나이'와 '노인'등의 여러 가지 의미를 가질 수 있으나, 여기에서는 '노인'이 알맞다.

• 여기에 무슨 일이 벌어지고 있느냐?

Was *geht* hier *vor*? (Was geschieht hier?)

zergehen

• 버터는 뜨거운 냄비 속에서 녹는다.

Die Butter *zergeht* in der heißen Pfanne. (Sie wird flüssig.)

zugehen

• 그 가방은 잠기지 않는다.

Der Koffer *geht* nicht *zu*. (Er lässt sich nicht schließen.)

• 그 소식은 어제 나에게 도착했다.

▶ Die Nachricht *ist mir* gestern *zugegangen*. (Ich bekam sie gestern.)

• 축제는 시끄럽고 신나게 진행되었다.

▶ *Auf dem Fest ging* ***es laut und lustig*** *zu*. (Man war laut und lustig.)

*_**es**_는 '문법적 주어'로서 꼭 필요하고, _**laut und lustig**_는 '양태 Art und Weise'를 나타내는 '부사적 동사보충어 Adverbialergänzung'로서 필수적 문장성분이다.

auf jn./etw. ~

• 그 신사는 그 숙녀를 향해 간다.

▶ Der Herr *geht auf die* Dame *zu*. (Er geht ihr entgegen.)

• 성탄절이 곧 다가온다.

▶ Es *geht auf* Weihnachten *zu*. (Weihnachten kommt bald.)

019 haben vs. anhaben vs. aufhaben vs. überhaben vs. vorhaben vs. zusammenhaben

haben, hatte, gehabt

(1) besitzen

• 우리는 집 한 채를 갖고 있다.

▶ Wir *haben* ein Haus.

• 프란츠는 한 명의 자매가 있다.

▶ Franz *hat* eine Schwester.

• 우리는 여행하는 동안에 좋은 날씨를 가졌다.

▶ Wir *hatten* auf unserer Reise gutes Wetter.

• 우리는 여기에서 수영할 수 있는 허가를 받았다.

▶ Wir *haben* die Erlaubnis, hier zu baden.

• 시간이 없어, 나는 급해!

▶ Keine Zeit, ich *habe Eile*!

• 너는 어디가 좋지 않아?

▶ *Was hast du?* (Was fehlt dir? Was ist mit dir los?)

etw. bei sich ~

• 너 돈 가진 것 있니?

▶ *Hast* du Geld *bei dir*? (Hast du Geld mit?)

etw. gegen jn. ~

• 나는 정중하지 않은 사람들을 좋아하지 않습니다.

▶ Ich *habe etwas gegen* unhöfliche Menschen. (Ich mag sie nicht.)

(2) halten

• 나는 그 소포를 손에 쥐고 있다.

▶ Ich *habe* das Paket in der Hand.

(3) erhalten, bekommen

• 대단히 고맙다!

▶ *Habe Dank!* (Sei bedankt! lit.)

• 이 털실은 여기에서 살 수 없어.

▶ Diese Wolle *ist* hier nicht *zu haben*. (Man kann sie hier nicht kaufen.)

*'Diese Wolle kann hier nicht gehabt(=gekauft) werden'으로 해석된다.

• 그것은 우리가 아직 수업에서 다루지 않았어.

Das *haben* wir noch nicht *gehabt*. (Das haben wir im Unterricht noch nicht besprochen.)

• 너는 나를 우롱했어.

Du *hast* mich *zum Besten gehabt*. (Du hast mich genarrt; I.)

anhaben

• 그 신사는 어두운 색의 양복을 입고 있었다.

Der Herr *hatte* einen dunklen Anzug *an*. (Er trug ihn.)

aufhaben

• 너는 그 모자를 쓰고 있다.

Du *hast* den Hut *auf*. (Du hast ihn auf dem Kopf.)

• 그는 두 눈을 뜨고 있다.

Er *hat* die Augen *auf*. (Sie sind offen.)

überhaben

• 그 농부는 감자들을 필요이상으로 갖고 있었다.

Der Bauer *hatte* Kartoffeln *über*. (Er hatte mehr, als er brauchte; U.)

• 나는 그 많은 잡담에 싫증이 났다.

Ich *habe* das viele Gerede *über*. (Ich kann es nicht mehr hören; U.)

vorhaben

• 너는 오늘 저녁에 무엇을 계획하고 있니?

▶ Was *hast* du heute Abend *vor*? (Was willst du tun?)

• 나는 내가 사용할 차 한 대를 살 계획이다.

▶ Ich *habe vor*, mir einen Wagen zu kaufen. (Ich will das tun.)

zusammenhaben

• 그 남자는 집 한 채를 구입할 돈을 모두 저축해서 갖고 있다.

▶ Der Mann *hat* das Geld für ein Haus *zusammen*. (Er hat genug gespart.)

halten vs. abhalten vs. anhalten vs. aufhalten vs. aushalten vs. behalten vs. beibehalten vs. durchhalten vs. einhalten vs. enthalten vs. erhalten vs. festhalten vs. freihalten vs. haushalten vs. hinhalten vs. standhalten vs. unterhalten vs. verhalten vs. vorbehalten vs. vorhalten vs. zurückhalten vs. zusammenhalten

halten, hielt, gehalten

• 어머니는 그 아이의 손을 잡고 있다.

▶ Die Mutter *hält* das Kind an der Hand.

• 그 작가는 한 재미있는 연설을 했다.

▶ Der Dichter *hielt eine interessante Rede*. (Er redete über ein interessantes Thema.)

• 그 입을 닥치지 못할까?

▶ *Halte* den Mund! (Sei still! U.)

• 그 친구는 그의 약속을 지켰다.

▶ Der Freund *hat sein* Wort *gehalten*. (Er hat sein Versprechen erfüllt.)

• 아버지가 그 정원을 계속 돌보신다.

▶ Der Vater *hält* den Garten *in Ordnung*. (Er sorgt für den Garten.)

**in Ordnung bringen*의 동작태가 '야기+시작'이라면, *in Ordnung halten*은 '야기+계속'의 동작태를 나타낸다.

sich an etw. ~

• 그는 그 규정들에 따라 행동했다.

▶ Er *hielt sich an die* Bestimmungen. (Er richtete sich danach.)

auf etw. ~

• 그 선생님은 학급의 질서를 아주 중요하게 여긴다.

▶ Der Lehrer *hält auf* Ordnung in seiner Klasse. (Ordnung ist ihm sehr wichtig.)

jn. für jn. ~

• 나는 이 남자를 나의 적으로 여긴다.

▶ Ich *halte* diesen Mann *für* meinen Gegner. (Ich glaube, er ist mein Feind.)

es mit jm. ~

• 그는 정부편이다.

▶ Er *hält es mit* der Regierung. (Er steht auf ihrer Seite.)

etw. von jm./etw. ~

• 당신은 그 일이 성공하리라고 믿습니까?

▶ *Halten* Sie *etwas von* der Sache? (Glauben Sie, dass sie Erfolg haben wird.)

abhalten

• 그 우산이 나를 비로부터 보호했다.

▶ Der Schirm *hielt* den Regen *ab*. (Er schützte mich davor.)

• 그 회의는 수요일에 개최되었다.

▶ Die Konferenz wurde am Mittwoch *abgehalten*. (Sie war am Mittwoch.)

jn. von etw. ~

• 너는 나를 그 일을 못하도록 방해했다.

▶ Du hast mich *von* der Arbeit *abgehalten*. (Ich konnte deinetwegen nicht arbeiten.)

• 사람들은 그가 모두를 위해 계산서를 지불하는 것을 막지 못했다.

▶ Er *ließ sich* nicht *davon abhalten*, die Rechnung für alle zu bezahlen. (Man konnte ihn nicht daran hindern.)

anhalten

• 그 경찰관은 그 차를 정지시켰다.

▶ Der Polizist *hielt* den Wagen *an*. (Sie stoppte ihn.)

• 비는 14일 동안 계속되었다.

▶ Der Regen *hielt* 14 Tage *an*. (Er dauerte so lange.)

• 나는 놀라서 숨을 멈추었다.

▶ Ich *hielt vor Entsetzen* den Atem *an*. (Ich atmete nicht.)

**vor Entsetzen*에서 전치사 *vor*는 '원인'을 나타낸다.

• 그 젊은 남자는 그 부모님들에게 그들의 딸과 결혼을 허락해달라고 요청했다.

▶ Der junge Mann *hielt* bei den Eltern *um die Hand* ihrer Tochter *an*. (Er bat, sie heiraten zu dürfen; I.)

jn. zu etw. ~

• 그 대가는 그 도제소년에게 일을 하라고 독려한다.

▶ Der Meister *hält* den Lehrjungen *zur* Arbeit *an*. (Er sorgt dafür, dass der Junge arbeitet.)

aufhalten

• 그는 나를 위해 그 문을 열어 주었다.

▶ Er *hielt mir* die Tür *auf*. (Er hielt die Tür, damit ich durchkonnte.)

**mir*는 '이익의 3격 dativus commodi'으로서 'für mich'를 뜻한다.

• 두 눈을 뜨고 있어라(=조심해)!

▶ *Halte* die Augen *auf*! (Sei aufmerksam!)

sich ~

• 그 환자는 방안에 머문다.

▶ Der Kranke *hält sich* im Zimmer *auf*. (Er ist im Zimmer.)

jn. mit etw. ~

• 이런 잡담으로 나를 지체시키지 말라!

▶ *Halte* mich nicht *mit* diesem Gerede *auf*! (Nimm mir nicht die Zeit!)

aushalten

• 그 유럽남자는 아프리카의 그 무더위를 견뎌내지 못했다.

▶ Der Europäer *hielt* die Hitze in Afrika nicht *aus*. (Er ertrug sie nicht.)

• 일이 어려운 데에도 불구하고, 그 소녀는 계속 그 자리에서 버텨내었다.

▶ Trotz schwerer Arbeit *hat* das Mädchen in der Stellung *ausgehalten*. (Es blieb in der Stellung.)

behalten

• 뮬러 가족은 그들의 차를 팔지 않고 계속 보유한다.

▶ Müllers *behalten* ihren Wagen. (Sie verkaufen ihn nicht.)

• 나를 잊지 말아라!

▶ *Behalte* mich lieb! (Liebe mich immer; vergiss mich nicht!)

• 당신은 그 전화번호를 기억할 수 있습니까?

▶ Können Sie die Telefonnummer *behalten*? (Können Sie sich die Nummer merken?)

etw. für sich ~

• 내가 너에게 이야기한 것을 아무에게도 이야기하지 마라!

▶ *Behalte*, was ich dir erzählt habe, *für dich*! (Sage es niemand!)

beibehalten

• 이 방향을 계속 고수하십시오!

▶ *Behalten* Sie diese Richtung *bei*! (Fahren Sie in dieser Richtung weiter!)

• 새 정권은 옛 규정들을 계속 유지시킨다.

▶ Die neue Regierung *behält* die alten Bestimmungen *bei*. (Sie ändert sie nicht.)

durchhalten

• 너는 포기해서는 안 된다.

▶ Du musst *durchhalten*! (Gib nicht auf!)

einhalten

• 그 약속시간들은 준수되어야 한다.

▶ Die Termine müssen *eingehalten* werden. (Man muss sie beachten.)

enthalten

• 그 소포는 세탁물과 의복을 포함하고 있다.

▶ Das Paket *enthält* Wäsche und Kleidung. (Wäsche und Kleider sind der Inhalt.)

sich einer Sache(2격) ~

• 그 국회의원은 투표를 기권한다.

▶ Der Abgeordnete *enthält sich der* Stimme. (Er stimmt nicht dafür und nicht dagegen.)

erhalten

- 그 예술가는 편지 한 장을 받는다.

  ▶ Der Künstler *erhält* einen Brief. (Er bekam ihn.)

- 옛날 건축물들은 그 시(市)에 의해 유지된다.

  ▶ Alte Bauwerke werden von der Stadt *erhalten*. (Sie werden gepflegt.)

- 계속 나의 친구로 남아 있어 주세요!

  ▶ *Erhalten* Sie mir *Ihre Freundschaft*! (Bleiben Sie mein Freund!)

festhalten

- 그 애는 그의 인형을 꼭 쥐고 있다.

  ▶ Das Kind *hält* seine Puppe *fest*. (Er lässt sie nicht los.)

- 그 남자환자는 그 계단난간을 꼭 붙잡고 버티고 있다.

  ▶ Der Kranke *hält sich* an dem Treppengeländer *fest*! (Er stützt sich darauf.)

- 회의록은 그 회의의 경과를 기록해두었다.

  ▶ Das Protokoll *hielt* den Ablauf der Sitzung *fest*. (Dort war alles aufgeschrieben.)

an etw. ~

- 검사는 그의 판단을 계속 고집했다.

  ▶ Der Staatsanwalt *hielt an seinem* Urteil *fest*. (Er änderte es nicht.)

freihalten

- 나를 위해 좌석 한 개를 예약해두게!

▶ *Halte* mir einen Platz *frei*! (Reserviere ihn für mich!)

• 그는 모두를 위해 지불한다.

▶ Er *hält* die ganze Gesellschaft *frei*. (Er bezahlt für alle.)

haushalten

mit etw. ~

• 그는 그의 돈으로 살림을 잘 꾸려나갈 수 없다.

▶ Er kann *mit* seinem Geld nicht *haushalten*. (Er kann es nicht einteilen.)

• 그 남자는 그의 힘을 잘 분배하여 합리적으로 생활해야 한다.

▶ Der Mann muss *mit* seinen Kräften *haushalten*. (Er muss vernünftig leben.)

hinhalten

• 숙모는 인사하기 위해 나에게 손을 내밀었다.

▶ Die Tante *hielt* mir die Hand zum Gruß *hin*. (Sie reichte sie mir.)

standhalten

• 그 둑은 그 많은 양의 물을 잘 견뎌내었다.

▶ Der Damm *hat* den Wassermassen *standgehalten*. (Er gab nicht nach. Er brach nicht.)

unterhalten: (trennbar und untrennbar)

• 음식점 주인은 그 잔을 수도꼭지 아래에 갖다 댄다.

▶ Der Gastwirt *hält* das Glas *unter*. (Er hält es unter den Hahn.)

• 국가가 그 학교들의 비용을 부담한다.

▶ Der Staat *unterhält* die Schulen. (Er trägt die Kosten.)

• 애 없는 그 삼촌은 그의 조카가 공부하는 동안의 비용을 부담한다.

▶ Der kinderlose Onkel *unterhält* seinen Neffen während des Studiums. (Er zahlt sein Studium.)

sich ~

• 당신은 무도회에서 잘 즐기셨는지요?

▶ *Haben* Sie *sich* auf dem Ball gut *unterhalten*? (Haben Sie sich amüsiert?)

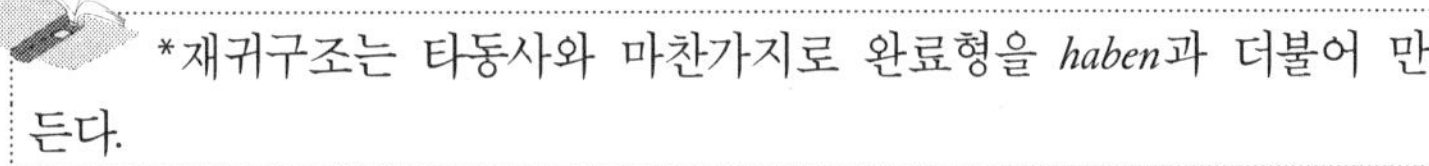

*재귀구조는 타동사와 마찬가지로 완료형을 *haben*과 더불어 만든다.

sich mit jm. ~

• 나는 내 친구와 대화를 나눈다.

▶ Ich *unterhalte mich mit* meinem Freund. (Wir führen ein Gespräch.)

verhalten

sich ~

• 그 관리는 옳게 처신했다.

▶ Der Beamte *hat sich korrekt verhalten*. (Er ist korrekt gewesen.)

**sich korrekt verhalten*의 *korrekt*는 '양태'를 나타내는 '부사적 동사 보충어'로서 필수적 문장성분이다.

• 그 일의 실상은 어떠한가?

▶ *Wie verhält sich* die Sache? (Wie ist sie wirklich?)

*Wie*도 '양태'를 나타내는 '부사적 동사보충어'로서 필수적 문장 성분이다.

vorbehalten

sich etw. ~

• 대통령은 그 결정을 자신이 나중에 내릴 수 있도록 유보시켰다.

▶ Der Präsident *behielt sich* die Entscheidung *vor*. (Er wollte selbst entscheiden.)

vorhalten

• 너는 하품할 때에 손을 입 앞에 갖다 대라!

▶ *Halte* die Hand *vor*, wenn du gähnst! (Halte sie vor den Mund!)

• 내 친구가 나에게 나의 실수들을 비난한다.

▶ Mein Freund *hält* mir meine Fehler *vor*. (Er zeigt sie mir. Er tadelt mich.)

zurückhalten

• 농부는 그의 미쳐 날뛰는 개를 제지한다.

▶ Der Bauer *hält* seinen wütenden Hund *zurück*. (Er lässt ihn nicht frei.)

mit etw. ~

• 국회의원들은 그들의 의견을 개진하는 것을 억제하지 않는다.

▶ Die Abgeordneten *halten* nicht *mit ihrer Meinung zurück*. (Sie sagen sie offen.)

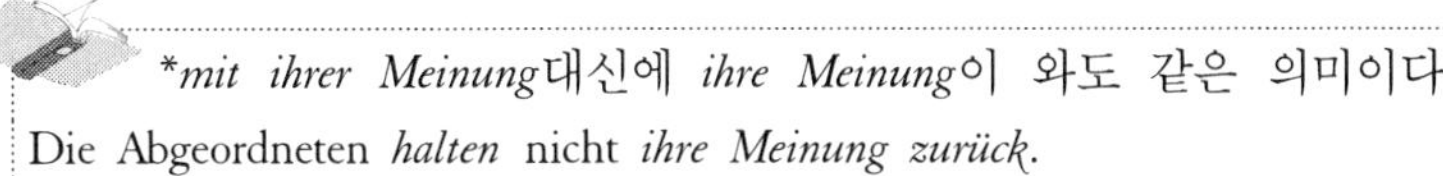

**mit ihrer Meinung*대신에 *ihre Meinung*이 와도 같은 의미이다.
Die Abgeordneten *halten* nicht *ihre Meinung zurück*.

zusammenhalten

- 그 가족구성원들은 굳게 뭉쳐있다.

▶ Die Famile *hält* fest *zusammen*. (Einer ist für den anderen da.)

- 그는 그의 돈을 절약했다.

▶ Er *hielt* sein Geld *zusammen*. (Er sparte.)

021

hängen vs. abhängen vs. aushängen vs. behängen vs. einhängen vs. heraushängen

hängen, hing, gehangen (자동사) - hängen, hängte, gehängt (타동사)

- 그 그림은 못에 걸려 있었다.

▶ Das Bild *hing an* dem Nagel. (Es war dort.)

- 그는 그것을 못에 걸었다.

▶ Er *hängte es an den* Nagel. (Er machte es dort fest.)

*'동작의 방향'을 나타내므로 *an den* Nagel, 즉 4격이 온다.

- 그 폭발 후에 두꺼운 연기구름들이 그 공장 위에 드리워 있었다.

▶ Nach der Explosion *hingen* dicke Rauchwolken *über der* Fabrik. (Sie waren dort.)

*'정지하여 있는 장소'를 나타내므로 *über der* Fabrik, 즉 3격이 온다.

• 그 남자는 기회주의자이다.

▶ Der Mann *hängt den Mantel nach dem Wind*. (Er ist ein Opportunist; I.)

• 그는 그의 직업을 포기했다.

▶ Er *hat* seinen Beruf *an den Nagel gehängt*. (Er hat ihn aufgegeben; U., I.)

• 그 학자는 단지 그의 책들만을 사랑한다.

▶ Der Gelehrte *hängt sein Herz* nur *an* seine Bücher. (Er liebt nur seine Bücher.)

an jm./etw. ~

• 나는 나의 어머니를 아주 사랑한다.

▶ Ich *hänge* sehr *an* meiner Mutter. (Ich liebe sie sehr.)

• 대학생들은 교수님의 말씀을 주의 깊게 경청했다.

▶ Die Studenten *hingen an* den Lippen des Professors. (Sie hörten sehr aufmerksam zu.)

• 편집인은 매일 몇 시간동안 전화에 매달려 있다.

▶ Der Redakteur *hängt* täglich stundenlang *am* Telefon. (Er telefoniert viel.)

• 그의 생명은 실낱같았다.

▶ Sein Leben *hing an* einem seidenen Faden. (Er war sehr krank; I.)

abhängen

• 그 운전수는 연결되었던 차량을 분리시켰다.

▶ Der Chauffeur *hängte* den Anhänger *ab*. (Er machte ihn los.)

von jm./etw. ~

• 그 장관자리의 임용은 그 선거들의 결과에 좌우된다.

▶ Die Besetzung des Ministerpostens *hängt von dem* Ausgang der Wahlen *ab*. (Sie wird durch das Wahlresultat entschieden.)

• 우리들의 성공여부는 그의 도움에 좌우되었다.

▶ Unser Erfolg *hing von* seiner Hilfe *ab*. (Es kam auf seine Hilfe an.)

aushängen

• 그 여가수의 사진들이 사진사 가게의 쇼 윈도우에 전시되었다.

▶ Die Bilder der Sängerin *hingen* bei dem Photographen *aus*. (Sie wurden in dem Schaufenster gezeigt.)

sich ~

• 구겨진 의복들은 걸어놓아 다시 펴졌다.

▶ Die zerdrückten Kleider *hingen sich aus*. (Sie wurden ohne Bügeln wieder glatt.)

behängen

• 내 아들은 그의 방의 벽들에 그림/사진들을 걸었다.

▶ Mein Sohn *behängte die* Wände seines Zimmers *mit* Bildern. (Er hängte sehr viele Bilder auf.)

*behängen의 4격에는 '사진을 거는 장소'가 오고, 전치사 *mit* 뒤에는 '걸리는 사진/그림'이 온다.

einhängen

• 나는 수화기를 놓아 버렸다.

Ich *hängte* einfach *ein*. (Ich legte den Telefonhörer auf.)

heraushängen

• 그 깃발은 지붕창 밖으로 내걸려 있다.

Die Fahne *hängt* zum Dachfenster *heraus*.

• 그 일에 나는 신물이 난다.

Die Sache *hängt* mir zum Hals *heraus*. (Ich habe genug davon; U.)

heben vs. abheben vs. anheben vs. aufheben vs. ausheben vs. beheben vs. entheben vs. erheben vs. hervorheben

heben, hob, gehoben

• 어머니는 그 애를 들어 올려 유모차에 태웠다.

Die Mutter *hob* das Kind in den Kinderwagen. (Sie nahm es mit den Armen hoch und setzte es hinein.)

• 그 대학생은 그 잔을 들어 건배했다.

▶ Der Student *hob* das Glas. (Er trank jm. zu.)

• 그 증인은 그 손을 서약하기 위해 높이 쳐들었다.

▶ Der Zeuge *hat* die Hand zum Schwur *gehoben*. (Er sagte den Eid.)

• 그 연사는 음성을 더 크게 했다.

▶ Der Redner *hob* die Stimme. (Er sprach lauter.)

sich ~

• 자정이후에 분위기는 더 고조되었다.

▶ Nach Mitternacht *hob sich* die Stimmung. (Die Leute wurden lustiger.)

abheben

• 나는 200유로를 나의 구좌에서 인출하였다.

▶ Ich *habe* 200 Euro *von* meinem Konto *abgehoben*. (Ich holte das Geld von der Bank.)

sich von etw. ~

• 복사본은 그 그림의 원본과 많이 다르다.

▶ Die Kopie *hebt sich* stark *von* dem Original des Bildes *ab*. (Kopie und Original unterscheiden sich stark.)

anheben

• 강철제품의 생산량이 약간 높아졌다.

▶ Die Produktion von Stahlwaren wurde leicht *angehoben*. (Sie wurde leicht erhöht.)

• 폭풍우가 시작된다.

▶ Der Sturm *hebt an*. (Er fängt an; lit.)

aufheben

• 그 화가는 화필을 집어 올린다.

▶ Der Maler *hebt* den Pinsel *auf*. (Er war hinuntergefallen, und der Maler nimmt ihn auf.)

• 그 금지령은 취소되었다.

▶ Das Verbot wurde *aufgehoben*. (Es wurde ungültig gemacht.)

• 연기된 것이 취소된 것은 아니다.

▶ Aufgeschoben ist nicht *aufgehoben*. (Eine Sache verschieben heißt nicht, sie fallen lassen; Sprw.)

• 그 여인은 그녀의 친구의 모든 편지들을 보관했다.

▶ Die Frau *hat* alle Briefe ihres Freundes *aufgehoben*. (Sie behält sie und wirft sie nicht weg.)

ausheben

• 노동자들은 구덩이 하나를 판다.

▶ Die Arbeiter *heben* einen Graben *aus*. (Sie graben ihn.)

beheben

• 그 수공업자는 파손된 곳을 수리했다.

▶ Der Handwerker *behob* den Schaden. (Er beseitigte ihn.)

• 위기는 극복되었다.

▶ Die Krise *ist behoben*. (Sie ist überwunden.)

entheben

• 참사관은 면직되었다.

▶ Der Regierungsrat wurde *seines Amtes enthoben*. (Er verlor seinen Posten.)

erheben

• 아버지가 건배한다.

▶ *Der Vater erhebt* sein Glas. (Er trinkt jm. zu.)

> *독일어에서는 항상 *Der Vater*로 쓰이지만, 우리말에서는 정관사 없이 그냥 '아버지'라고 불린다.

• 그 작가는 귀족으로 승격되었다.

▶ Der Dichter wurde in den Adelsstand *erhoben*. (Er wurde geadelt.)

• 그는 그 유산을 요구했다.

▶ Er *erhob Anspruch auf* **das Erbe**. (Er meldete seinen Anspruch an.)

> **auf etw.*[4] *Anspruch erheben*은 'etw.[4] beanspruchen'을 의미하는 '기능동사 구문 Funktionsverbgefüge'이다. **das Erbe**는 문장 끝에 와서 '레마 Rhema'로 강조되었다.

sich ~

• 출석한 사람들은 그들의 자리들에서 일어섰다.

▶ Die Anwesenden *erhoben sich von* ihren Plätzen. (Sie standen auf.)

sich gegen jn. ~

• 국민은 그 정부에 대해 봉기한다.

▶ Das Volk *erhebt sich gegen* die Regierung. (Es macht Revolution.)

hervorheben

• 그의 연설의 끝에 그 연사는 가장 중요한 요점들을 다시 한 번 강조했다.

▶ Zu Ende seiner Rede *hob* der Redner die wichtigsten Punkte noch einmal *hervor*. (Er betonte sie.)

heißen vs. verheißen

heißen, hieß, geheißen

• 내 이름은 뮬러이다.

▶ Ich *heiße* Müller. (Mein Name ist Müller.)

• 그것은 도대체 무엇을 의미하는가?

▶ Was soll das *heißen*? (Was soll das bedeuten?)

• 우리는 당신을 환영합니다.

▶ Wir *heißen* Sie *willkommen*. (Wir begrüßen Sie.)

• 그는 한 부유한 남자라고 일컬어진다.

▶ *Es heißt*, er *sei* ein reicher Mann. (Man sagt, dass er reich ist.)

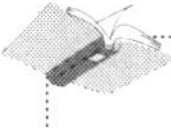

**sagen, heißen* 다음에 접속사 *dass*가 오지 않을 때에는 간접화법

을 나타내기 위해 반드시 '접속법 1식'이 와야 한다: Man sagt, er *sei* ein reicher Mann.

verheißen

• 그의 재능은 그의 미래를 위해 많은 것을 약속한다.

▶ Seine Begabung *verheißt* viel für seine Zukunft. (Sie verspricht viel.)

• 그 저녁 하늘은 좋은 날씨를 약속했다.

▶ Der Abendhimmel *hat* gutes Wetter *verheißen*. (Man kann mit gutem Wetter rechnen.)

024

helfen vs. abhelfen vs. aushelfen vs. behelfen vs. verhelfen

helfen, half, geholfen

• 그 부인이 내릴 때 도와주어라!

▶ *Hilf der Dame beim Aussteigen!*

**helfen*의 '동사 결합가'는 '3가'로서, '주어'(=돕는 사람), '3격 보충어'(=도움을 받는 사람)와 '전치사 *bei*를 가진 전치사격 보충어'(=도움을 받는 행위)가 '동사보충어'(Ergänzung)이다.

• 그 신사는 그 부인이 외투를 입는 것을 도와주었다.

▶ Der Herr *hat der Dame in den Mantel geholfen*. (Er hielt ihr den Mantel.)

• 그 약은 콧물감기에 잘 듣는다.

▶ Das Mittel *hilft gut gegen* Schnupfen. (Es beseitigt ihn.)

*'Das Mittel wirkt gut gegen Schnupfen'과 같은 의미이다.

• 너 자신을 도와라, 그러면 하느님이 너를 도울 것이다.

▶ *Hilf dir selbst*, so *hilft dir Gott*! (Sprw.)

• 아버지는 아들을 경제적으로 자립하도록 도왔다.

▶ Der Vater *half dem Sohn auf die Beine*. (Er gab ihm einen guten Start.)

abhelfen

• 수도꼭지에서 물이 떨어진다. −그것은 그러나 쉽게 고칠 수 있다.

▶ Der Wasserhahn tropft. −Dem *ist* doch leicht *abzuhelfen*. (Das ist zu beseitigen.)

*Dem *ist* doch leicht *abzuhelfen*.은 'Dem kann doch leicht abgeholfen werden'으로 의미풀이된다.

aushelfen

• 나는 내 친구에게 50유로를 빌려주어 그를 곤궁에서 구해주었다.

▶ Ich *half* meinem Freund *mit* 50 Euro *aus*. (Ich borgte ihm das Geld.)

• 당신은 나에게 우표 한 장을 주거나 빌려줄 수 있습니까?

▶ Können Sie mir *mit* einer Briefmarke *aushelfen*? (Langenscheidt, S. 96)

• 페터는 그 회사에서 때때로 임시직으로 일했다.

▶ Peter *hat* in der Firma gelegentlich *ausgeholfen*. (Er hat mitgearbeitet, wenn es nötig war.)

behelfen

sich mit etw. ~

- 전기가 없었기 때문에, 우리는 양초들로 임시변통했다.

▶ Da es keinen Strom gab, *behalfen* wir *uns mit* Kerzen. (Wir halfen uns zur Not damit; wir begnügten uns damit.)

verhelfen

jm. zu etw. ~

- 한 아는 사람이 내가 한 좋은 자리를 얻는 데 도움을 주었다.

▶ Ein Bekannter *verhalf mir zu* einer guten Stellung. (Ich bekam sie durch ihn.)

025

kennen vs. auskennen vs. bekennen vs. erkennen vs. verkennen

kennen, kannte, gekannt

*"ABC der starken Verben"에 나와 있는 예문이 *kennen*의 여러 용법을 이해하는 데 부족하므로 "Langenscheidt"에서 적절한 예문들을 발췌했음.

- 나는 그를 정확히 안다, 그는 결코 나쁜 짓을 하지 않을 사람이다.

▶ Ich *kenne ihn* genau, er würde nie etwas Böses tun! (Langenscheidt, S. 538)

• 나는 이 부근에 있는 괜찮은 한 식당을 알고 있다.

▶ Ich *kenne ein nettes Lokal* in der Nähe. (Ebd.)

• 너는 이 행복감을 아니?

▶ *Kennst* du *dieses Glücksgefühl*? (Ebd.)

• 나는 다정한 가장으로서의 그 만을 알고 있다.

▶ Ich *kenne ihn* nur *als liebevollen Familienvater*. (Ebd.)

• 개들은 사람들을 냄새를 맡고 알아챈다.

▶ Hunde *kennen Menschen am* Geruch. (Ebd.)

auskennen

sich ~

• 당신은 이 도시를 잘 아십니까?

▶ *Kennen* Sie *sich in dieser Stadt aus*? (Wissen Sie hier Bescheid?)

bekennen

• 나는 나의 죄를 고백합니다.

▶ Ich *bekenne* meine Schuld. (Ich sage, dass ich schuldig bin.)

sich ~

• 피고는 그의 죄를 인정했다.

▶ Der Angeklagte *bekannte sich schuldig*. (Er gab seine Schuld vor Gericht zu.)

**schuldig*는 '목적격 보어 Objektsprädikativergänzung'이다.

sich zu etw. ~

• 그는 기독교를 신봉한다고 고백했다.

▶ Er *bekannte sich zur* christlichen Religion. (Er war ein überzeugter Christ.)

erkennen

• 증인은 피고를 알아보았다.

▶ Der Zeuge *erkannte* den Angeklagten. (Er sah ihn und wusste, wer er ist.)

• 그는 그의 잘못을 깨달았다.

▶ Er *erkannte* seinen Irrtum. (Er sah ein, dass er sich geirrt hatte.)

• 그의 행동양식을 통해 사람들은 그의 성격을 확인/식별한다.

▶ *Aus* seiner Handlungsweise *erkennt* man seinen Charakter. (Man kann auf seinen Charakter schließen.)

auf etw. ~

• 법정은 무죄를 선고했다.

▶ Das Gericht *erkannte auf* Freispruch. (Es sprach den Angeklagten frei.)

verkennen

• 그 애는 위험을 알아채지 못했다.

▶ Das Kind *verkannte* die Gefahr. (Es merkte sie nicht; es beurteilte sie falsch.)

• 그 고안자는 모두에 의해 인정받지 못했다.

▶ Der Erfinder wurde von allen *verkannt*. (Niemand erkannte seinen Wert.)

kommen vs. abhandenkommen vs. abkommen vs. ankommen vs. aufkommen vs. auskommen vs. durchkommen vs. entgegenkommen vs. entkommen vs. gleichkommen vs. herauskommen vs. herumkommen vs. herunterkommen vs. hinkommen vs. loskommen vs. mitkommen vs. nachkommen vs. näherkommen vs. niederkommen vs. übereinkommen vs. überkommen vs. umkommen vs. unterkommen vs. verkommen vs. vorkommen vs. weiterkommen vs. zugutekommen vs. zukommen vs. zurückkommen vs. zustandekommen

kommen, kam, gekommen

(1) ankommen, eintreffen

• 대통령은 베를린으로 온다.

▶ Der Präsident *kommt* nach Berlin.

• 우리 손님(들)은 차 마시러 왔다.

▶ Unser *Besuch kam* zum Tee.

**Besuch*은 '방문'이란 의미 밖에도 '방문객/손님'이란 의미도 갖고 있다.

• 삼촌으로부터 편지 한 장이 왔다.

▶ Ein Brief vom Onkel *ist gekommen*.

• 그가 언제 오든지 상관없다; 또는: 그는 믿을 수 없다.

▶ *Kommt er heute nicht, dann kommt er morgen*. (Es ist gleich, wann er kommt; oder: Er ist unzuverlässig; I., U.)

(2) sich nähern

• 밤이 다가온다.

▶ Die Nacht *kommt*.

• 나는 눈물이 흘러 나왔다.

▶ Die Tränen *kamen* mir. (Ich musste weinen.)

• 나는 그것이 다가오고 있는 것을 보았다.

▶ Das habe ich *kommen sehen*. (Das habe ich erwartet.)

**kommen*이 부정형이기 때문에 *gesehen*대신 *sehen*이 오는 것을 '대체 부정형 Ersatzinfinitiv'이라고 한다.

(3) Bezeichnung einer Reihenfolge

• 1 다음에는 2가 온다.

▶ Nach eins *kommt* zwei.

(4) einen bestimmten Wert haben

• 그 모자의 값은 30유로나 나갔다.

▶ Der Hut *kam auf* 30 Euro. (Er kostete so viel.)

(5) an einen Ort kommen

• 그 조각배는 언덕에 도착했다.

▶ Der Kahn *kam ans* Ufer.

(6) in eine Lage kommen

• 도망자들은 위기에 빠졌다.

▶ Die Flüchtlinge *kamen in* Not.

• 아버지는 그의 아들이 그에게 복종하려고 하지 않자 화가 났다.

▶ Der Vater *kam in Wut*, als sein Sohn ihm nicht gehorchen wollte.

> **in Not kommen, in Wut kommen*에서 기능동사 *kommen*은 '동작태'(Aktionsart) '시작'을 나타낸다.

• 정숙치 못한 그 여자는 사람들의 구설수에 올랐다.

▶ Die unordentliche Frau *kam ins Gerede*. (Man redete über sie; I.)

(7) zum Vorschein kommen, auftauchen

• 나는 갑자기 수영하러 가고 싶은 소망을 갖게 되었다.

▶ Es *kam* mir plötzlich **der Wunsch, zum Schwimmen zu gehen**. (Ich hatte plötzlich den Wunsch.)

> *Es는 '허사(虛辭)'(Platzhalter)로서 자신이 문두에 옴으로 해서 진주어(眞主語) **der Wunsch, zum Schwimmen zu gehen**을 문장 끝에 오게 하여 '레마 Rhema'로 강조될 수 있게 했다.

• 그의 진짜 성격이 마침내 드러나고야 말았다.

▶ Sein wahrer Charakter *kam* endlich doch *ans Licht*. (Er wurde sichtbar.)

auf etw. ~

• 그 개는 올바른 흔적을 찾았다.

▶ Der Hund *kam auf die* richtige *Spur*. (Er fand sie.)

• 그런 착상을 너는 하지 못했을 것이다.

▶ *Auf den* Einfall *wärst* du nicht *gekommen*. (Die Idee hättest du nicht gehabt.)

• 나는 그의 이름을 기억할 수 없다.

▶ Ich *kann* nicht *auf seinen* Namen *kommen*. (Er fällt mir nicht ein.)

• 어떻게 너는 그런 생각을 하게 되었니?

▶ Wie *kommst* du *darauf*? (Woher hast du die Idee?)

• 우리는 정치에 관해 이야기하게 되었다.

▶ Wir *kamen auf die Politik zu sprechen*. (Wir sprachen auch darüber.)

aus etw. ~

• 그 철도사고는 나의 뇌리에서 떠나지 않는다.

▶ Das Eisenbahnunglück *kommt mir* nicht *aus dem Sinn*. (Ich muss immer daran denken.)

**mir*는 '소유의 3격'으로서 *dem Sinn*의 소유주를 나타낸다.

von etw. ~

• 그의 병은 술을 많이 마신 것이 원인이다.

▶ Seine Krankheit *kam vom* vielen Trinken. (Das Trinken war der Grund.)

• 그 환자는 그의 힘을 모두 잃었다.

▶ Der Kranke *kam* ganz *von Kräften*. (Er verlor seine Kraft.)

um etw. ~

• 그가 알맞은 시기에 신청을 하지 않았기 때문에, 그는 세금감면을 받지 못했다.

▶ Weil er den Antrag nicht rechtzeitig gestellt hatte, *kam* er *um* die Steuerermäßgung. (Er verlor sie; er bekam sie nicht.)

• 그 자동차 경주자는 생명을 잃었다.

▶ Der Rennfahrer *ist ums Leben gekommen*. (Er starb durch einen Unfall; I.)

zu etw. ~

• 변죽은 그만 울리고, 이제 본래의 안건에 관해 이야기하라!

▶ *Komme zur Sache!* (Sprich vom Thema!)

• 우선 내가 제정신을 차릴 시간을 달라!

▶ *Lass mich* erst *zur Besinnung kommen*! (Warte, bis ich wieder klar denken kann.)

• 그녀는 유산을 받아서 돈을 갖게 되었다.

▶ Sie ist durch eine Erbschaft *zu Geld gekommen*. (Sie hat jetzt Geld.)

abhandenkommen

• 그 책이 나에게서 없어졌다.

▶ Das Buch *ist mir abhandengekommen*. (Ich habe es verloren.)

abkommen

von etw. ~

• 그는 올바른 길에서 벗어났다; 또는: 그는 옳지 못한 일을 저질렀다.

▶ Er *ist vom* richtigen Weg *abgekommen*. (Er hat sich verlaufen; oder: Er hat Unrecht getan.)

• 여기에 공장 한 개를 세우려는 생각을 사람들은 다시 포기했다.

▶ *Von* der Idee, hier eine Fabrik zu bauen, *ist* man wieder *abgekommen*. (Man hat sie aufgegeben.)

ankommen

• 그 기차는 3시 정각에 도착한다.

▶ Der Zug *kommt* um drei Uhr *an*.

auf jn./etw. ~

• 그 경기에서는 승패가 골키퍼에 좌우된다.

▶ Bei dem Spiel *kommt* **es** *auf den* Torwart *an*. (Er ist sehr wichtig.)

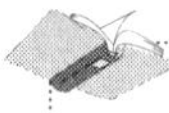

*es는 '문법적 주어'로서 생략이 불가능하다.

• 우리가 바다로 드라이브할 것인지 또는 안 할 것인지는 날씨에 좌우된다.

▶ *Es kommt auf das* Wetter *an*, ob wir an die See fahren. (Bei gutem Wetter fahren wir, bei schlechtem nicht.)

gegen jn. ~

• 그 세계 선수권자를 그는 이길 수 없다.

▶ *Gegen* den Weltmeister *kommt* er nicht *an*. (Er kann ihn nicht besiegen.)

aufkommen

• 한 폭풍(우)가 시작되고 있다.

▶ Ein Sturm *kommt auf*. (Ein Sturm beginnt.)

• 그가 사임하려고 한다는 소문이 났다.

▶ Es *kamen* Gerüchte *auf*, er *wolle* zurücktreten. (모델: 166쪽)

*'소문'은 제 3자의 말을 전달하는 것이기 때문에 '접속법 1식'(*wolle*)을 사용해야 한다.

für etw. ~

• 그 보험회사는 손실을 보상해주었다.

▶ Die Versicherung *ist für* den Schaden *aufgekommen*. (Sie hat den Schaden bezahlt.)

auskommen

mit jm. (gut/schlecht) ~

• 너희들은 서로 잘 이해하느냐 또는 자주 싸우느냐?

▶ *Kommt* ihr *gut miteinander aus* oder streitet ihr häufig? (Langenscheidt, S. 97)

mit jm./etw. ~; ohne jn./etw. (irgendwie) ~

• 이 월급으로 나는 도저히 생활을 꾸려 갈 수가 없다.

▶ *Mit* diesem Gehalt *komme* ich überhaupt nicht *aus*. (Ebd.)

• 나는 너의 도움이 없이도 잘 꾸려 갈 수 있다.

▶ Ich *komme* auch *ohne* deine Hilfe gut *aus*. (Ebd.)

• 에비는 자동차 없이 지내야 한다.

▶ Evi muss *ohne* Auto *auskommen*. (Ebd.)

durchkommen

• 이전에는 (복도가 있는) 급행열차들도 여기를 지나갔다.

▶ Früher *kamen* auch D-Züge hier *durch*. (Sie fuhren diese Strecke.)

• 그 환자는 죽지 않고 살아남았다.

▶ Der Kranke *kam durch*. (Er starb nicht.)

• 이 변명으로는 너는 거의 궁지를 빠져나오기 어려울 것이다.

▶ *Mit* dieser Ausrede wirst du kaum *durchkommen*. (Man wird sie kaum glauben.)

• 그 견습생은 (견습생이 견습기간을 마친 후에 치르는) 기능사시험을 합격했다.

▶ Der Lehrling *ist* durch die Gesellenprüfung *durchgekommen*. (Er hat sie bestanden.)

entgegenkommen

• 나의 회사는 당신에게 유리한 가격을 제안할 것입니다.

▶ Meine Firma wird Ihnen *entgegenkommen*. (Sie wird Ihnen einen günstigen Preis machen.)

entkommen

• 그 살인자는 경찰을 피해 달아났다.

▶ Der Mörder *ist der Polizei entkommen*. (Er ist geflohen, man konnte ihn nicht mehr fangen.)

**entkommen*은 '3격 보충어'를 요구한다. 그리고 '장소의 이동'을 나타내므로 완료형을 *sein*과 더불어 만들었다.

gleichkommen

• 이 행동은 한 개의 범죄행위와 다를 바 없다.

▶ Diese Tat *kommt einem Verbrechen gleich*. (Sie ist so schlimm wie ein Verbrechen.)

herauskommen

• 5시 정각에 수천 명의 노동자들이 공장 문밖으로 나온다.

▶ Um fünf Uhr *kommen* Tausende von Arbeitern aus dem Fabriktor *heraus*. (Sie verlassen die Fabrik.)

• 그 책은 가을에 출판되었다.

▶ Das Buch *ist* im Herbst *herausgekommen*. (Es ist erschienen.)

• 그 협상들에서는 아무 결과도 나오지 않았다.

▶ Bei den Verhandlungen *ist* nichts *herausgekommen*. (Sie brachten kein Resultat.)

• 누가 그 차를 훔쳤는지 드러났다.

▶ **Es** *ist herausgekommen*, wer den Wagen gestohlen hat. (Es ist bekannt geworden.)

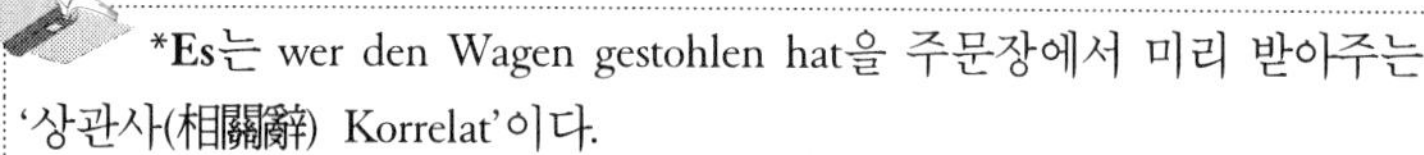

*__Es__는 wer den Wagen gestohlen hat을 주문장에서 미리 받아주는 '상관사(相關辭) Korrelat'이다.

herumkommen

um etw. ~

• 우리는 그 초대를 피할 수 없다!

▶ *Um* die Einladung *kommen* wir nicht *herum*! (Wir müssen sie annehmen.)

herunterkommen

- 그 예술가는 몰락했다.

▶ Der Künstler *ist heruntergekommen*. (Früher ging es ihm gut; jetzt ist er schlecht gekleidet und hat jeden Halt verloren.)

hinkommen

- 내 연필은 어디로 갔는가?

▶ Wo *ist* mein Bleistift *hingekommen*? (Wo ist er?)

- 그 돈으론 충분하지 않다.

▶ *Mit dem Geld* kann man kaum *hinkommen*. (Es reicht kaum.)

loskommen

von etw. ~

- 아버지는 그의 아들이 공부해야한다는 생각에서 벗어나지 못한다.

▶ Der Vater *kommt* nicht *von* **dem** Gedanken *los*, dass sein Sohn studieren muss. (Der Gedanke beherrscht ihn.)

*독일어 정관사는 한국어에서는 반드시 '그'로 반영될 수 있지는 않다. 위 예문에서도 *von* ***dem*** Gedanken, dass sein Sohn studieren muss를 우리말로 옮기면 '그의 아들이 공부해야 한다는 생각'이 자연스럽지, '그의 아들이 공부해야한다는 그 생각'은 어쩐지 자연스럽지 않다.

mitkommen

- 제가 당신과 함께 가겠습니다.

▶ Ich *komme mit*. (Ich begleite Sie.)

• 여비서는 받아쓰기를 잘 따라 한다.

▶ Die Sekretärin *kommt* beim Diktat gut *mit*. (Sie kann gut folgen.)

• 나는 그것을 더 이상 이해할 수가 없어!

▶ *Da komme* ich nicht mehr *mit*! (Das verstehe ich nicht! U.)

nachkommen

• 앞장 서 가라, 나는 나중에 가겠다.

▶ Geht voran, ich *komme nach*! (Ich komme später.)

• 토론할 때 속기사는 더 이상 받아 적을 수가 없었다.

▶ Bei der Debatte *kam* der Stenograph nicht mehr *nach*. (Er konnte nicht folgen.)

• 나는 내 어머니의 소원에 따라 행동했다.

▶ Ich *kam* dem Wunsch meiner Mutter *nach*. (Ich tat, was sie wünschte.)

näherkommen

• 뇌우가 다가오고 있다.

▶ Das Gewitter *kommt näher*. (Es zieht heran.)

sich ~

• 그 두 대학생은 천천히 서로 친구가 되었다.

▶ Die beiden Studenten *kamen sich* langsam *näher*. (Sie wurden Freunde.)

**sich*는 여기에서 'einander'로 대치될 수 있으므로 '상호대명사'이다.

niederkommen

• 우리 이웃여인은 아기를 낳았다.

▶ Unsere Nachbarin *ist niedergekommen*. (Sie hat ein Kind bekommen.)

übereinkommen

• 우리는 삼촌과 그 여행을 함께 가기로 합의했다.

▶ Wir *sind* mit dem Onkel *übereingekommen*, die Reise zusammen zu machen. (Wir haben es ausgemacht.)

überkommen

• 갑자기 의심들이 나를 덮쳤다.

▶ Plötzlich *überkamen* mich **Bedenken**. (Zweifel tauchten in mir auf.)

*__Bedenken__은 주로 '복수형'으로만 사용된다.

umkommen

• 그 불행한 사고에서 다섯 명의 사람들이 죽었다.

▶ Bei dem Unglück *sind* fünf Menschen *umgekommen*. (Sie sind dabei gestorben.)

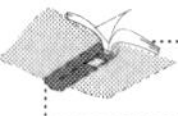

*'상태의 변화'에 해당하므로, 완료형을 *sein*과 더불어 만들었다.

unterkommen

• 그 대학생은 한 독일 가정에 투숙했다.

▶ Der Student *ist bei einer deutschen Familie untergekommen*. (Er hat dort ein Zimmer gefunden.)

verkommen

• 그 정원은 완전히 폐허가 되었다.

▶ Der Garten *ist verkommen*. (Er ist völlig ungepflegt.)

• 그 젊은 남자는 점점 더 타락했다.

▶ Der junge Mann *verkam* immer mehr. (Er kam herunter.)

vorkommen

• 곰들은 더 이상 독일에 나타나지 않는다.

▶ Bären *kommen* in Deutschland nicht mehr *vor*. (Es gibt keine Bären.)

• 그것은 다시는 더 이상 일어나서는 안 된다.

▶ Das darf nicht wieder *vorkommen*! (Es darf nicht wieder geschehen.)

• 그 여인은 내가 아는 사람인 것처럼 보인다.

▶ Die Frau *kommt* mir *bekannt vor*. (Ich glaube, sie zu kennen.)

• 내가 그를 데려가지 않는다면, 나는 내 자신이 아주 나쁜 사람같이 여겨진다.

▶ Ich *komme* mir sehr schlecht *vor*, wenn ich ihn nicht mitnehme. (Ich habe ein schlechtes Gewissen.)

weiterkommen

• 저녁에 철물공은 자신의 직업상 발전을 위해 한 개의 과정을 방문한다.

▶ Abends besucht der Schlosser einen Kurs, *um weiterzukommen*. (Er will in seinem Beruf aufsteigen.)

zugutekommen

• 그 축제의 순이익은 동물보호협회에 도움이 된다.

▶ Der Reinertrag des Festes *kommt dem Tierschutzverein zugute*. (Der Verein hat den Nutzen davon.)

zukommen

• 자기 앞에 무엇이 닥칠지 그는 예감하지 못했다.

▶ Er ahnte nicht, was noch *auf ihn zukommen* sollte. (모델, 2385쪽)

• 그에겐 이 일에 개입할 권리가 없다.

▶ Es *kommt ihm* nicht *zu*, sich in diese Gelegenheit einzumischen. (Ebd.)

• 그에겐 지도자의 역할이 제격이다.

▶ *Ihm kommt* eine Führungsrolle *zu*. (Ebd.)

• 이 발견에는 한 개의 큰 의미가 부여된다.

▶ *Dieser Entdeckung kommt* eine große Bedeutung *zu*. (Ebd.)

• 누구에게 그 집이 귀속될 것인가? (=누가 그 집을 받게 될 것인가?)

▶ *Wem* soll das Haus *zukommen*? (Langenscheidt, S. 1153)

jm. etw^{4}. zukommen lassen

• 그는 항상 되풀이하여 가난한 사람들에게 기부금을 준다.

▶ Er *lässt den Armen* immer wieder *Spenden zukommen*. (Ebd.)

zurückkommen

• 내 아버지는 일요일에 돌아오신다.

▶ Mein Vater *kommt* am Sonntag *zurück*.

auf etw. ~

• 그 상인은 나의 오퍼(=판매제안)에 처음에는 관심이 없었다가 나중에 흥미를 느끼게 된다.

▶ Der Kaufmann *kommt auf mein Angebot zurück*. (Er interessiert sich später dafür.)

zustandekommen

• 유감스럽게도 아무런 합의를 보지 못했다.

▶ Leider *ist* keine Einigung *zustandegekommen*. (Leider hat man sich nicht einigen können.)

lassen vs. ablassen vs. anlassen vs. auflassen vs. auslassen vs. belassen vs. durchlassen vs. einlassen vs. entlassen vs. erlassen vs. hinterlassen vs. nachlassen vs. niederlassen vs. überlassen vs. unterlassen vs. verlassen vs. zerlassen vs. zulassen vs. zurücklassen

lassen, ließ, gelassen

(1) etw. nicht tun

• 그것을 그만 두어!

▶ *Lass* das doch! (Hör damit auf! Tu das nicht!)

• 너는 이제 금연을 하게; 그것은 너에게 해로워.

▶ Du *lässt* jetzt das Rauchen; es schadet dir. (Du sollst nicht rauchen.)

(2) jm. etw. geben

• 그 군인은 자기 고향을 위해 생명을 바쳤다.

▶ Der Soldat *ließ* sein Leben für die Heimat. (Er starb für sie.)

(3) etw. nicht mitnehmen

• 왜 너는 너의 우산을 집에 두었느냐?

▶ Warum *hast* du deinen Schirm zu Hause *gelassen*?

(4) jm. etw. nicht wegnehmen

• 그 책을 나에게 사흘 더 빌려주게!

▶ *Lass* mir das Buch noch drei Tage! (Borge es mir noch solange.)

• 그 소년을 방해하지 말고 조용히 내버려두게!

▶ *Lass* den Jungen *in Ruhe*! (Störe ihn nicht.)

(5) etw. erlauben

• 그 숙녀는 우리에게 자신이 구입한 물품들을 보여 주었다.

▶ Die Dame *hat* uns ihre Einkäufe *sehen lassen*. (Wir durften sie sehen.)

*앞에 *sehen*이라는 부정형이 왔기 때문에, 과거분사 *gelassen*대신에 부정형 *lassen*이 오는 것을 '대체 부정형 Ersatzinfinitiv'이라고 한다. 이런 현상은 화법조동사에도 적용 된다: Ich *habe* nicht *antworten können*.

• 아버지는 아들에게 공부를 시킨다.

▶ Der Vater *lässt* den Sohn studieren. (Er erlaubt es ihm.)

• 그 공장의 지배인은 그의 직원들을 독립시켜주었다.

▶ Der Leiter der Fabrik *ließ* seinen Mitarbeitern *freie Hand*. (Sie durften selbständig arbeiten.)

• 그는 그의 감정들을 억제하지 못한다.

▶ Er *lässt* seinen Gefühlen *freien Lauf*! (Er beherrscht sich nicht; I.)

(6) jn. zu etw. veranlassen; machen, dass jmd. etw. tut

• 당신의 여비서에게 편지 한 장을 쓰게 하십시오!

▶ *Lassen* Sie Ihre Sekretärin einen Brief schreiben!

• 한 번 보여 줘!

▶ *Lass* mal sehen! (Zeig mal her!)

• 당신의 태도가 나로 하여금 당신이 판매에 동의한다는 것을 추측케 한다.

▶ Ihr Benehmen *lässt* mich vermuten, dass Sie in den Verkauf einwilligen. (Wegen Ihres Benehmens denke ich, ...)

(7) sich etw. machen lassen

• 나는 나의 머리를 감게 했다.

▶ Ich *habe mir* die Haare *waschen lassen*.

*mir는 '소유의 3격'으로서, '신체의 일부'인 die Haare의 소유주를 나타낸다.

• 그 여배우는 그녀의 옷들을 베를린에서 만들게 한다.

▶ Die Filmschauspielerin *lässt sich* ihre Kleider in Berlin *machen*.

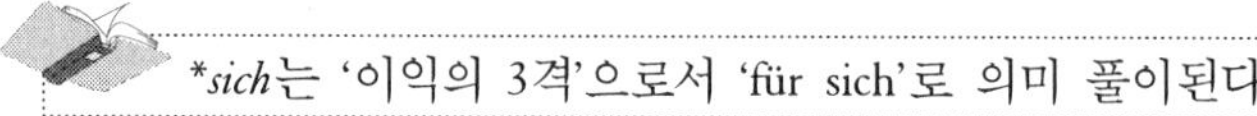

*sich는 '이익의 3격'으로서 'für sich'로 의미 풀이된다.

• 사장은 자신이 없다고 말하게 한다.

▶ Der Chef *lässt* sich verleugnen. (Die Sekretärin sagt, er sei nicht da.)

(8) etw. kann gemacht werden

• 그것은 만들어질 수 있다.

▶ Das *lässt sich machen*. (Das ist möglich.)

*Das lässt sich machen*은 '수동태 경쟁형태로서의 재귀구조 Reflexivkonstruktion als Passivkonkurrenz'로서, 'Das kann gemacht werden'이라는 의미이다.

• 철은 구부러진다.

▶ Eisen *lässt sich biegen*. (Es kann gebogen werden.)

• 이 포도주는 마실 수 있다.

▶ Dieser Wein *lässt sich trinken*. (Er ist recht gut.)

sich sehen ~

• 이 회사의 업적은 보여주어도 괜찮다.

▶ Die Leistung dieser Firma kann *sich sehen lassen*. (Sie ist gut.)

sich etw. kosten ~

• 아버지는 그의 딸의 결혼식을 위해 많은 돈을 지출했다.

▶ Der Vater hat *sich* die Hochzeit seiner Tochter etwas *kosten lassen*. (Er gab viel Geld dafür aus.)

ablassen

• 연못 안의 물은 방출되었다.

▶ Das Wasser im Teich wurde *abgelassen*. (Der Teich wurde geleert.)

von etw./jm. ~

• 품질이 좋은 사과들 100 킬로그램을 나에게 파십시오!

▶ *Lassen* Sie mir zwei Zentner *von* den guten Äpfeln *ab*! (Verkaufen Sie sie mir!)

• 그 회사는 그 값으로부터 3% 할인해준다.

▶ Die Firma *lässt 3% vom Preis ab*. (Sie ermäßigt den Preis um 3%)

• 그 소녀는 그녀의 친구에게 계속 성실하다.

▶ Das Mädchen *lässt* nicht *von ihrem Freund ab*. (Sie bleibt ihm treu.)

anlassen

• 그 운전수가 그 차의 시동을 걸다.

▶ Der Autofahrer *lässt* den Wagen *an*. (Er startet ihn.)

• 당신의 외투를 벗지 말고 입고 계십시오!

▶ *Lassen* Sie Ihren Mantel *an*! (Ziehen Sie ihn nicht aus!)

sich ~

• 그 새해는 좋게 시작했다.

▶ Das neue Jahr *hat sich* ***gut*** *angelassen*. (Es hat gut begonnen.)

**gut*은 논항 '양태 Art und Weise'를 나타내는 '부사적 동사보충어'로서 필수적 문장성분이다. 따라서 생략될 수 없다. 재귀구조는 완료형을 *haben*과 만든다.

auflassen

• 그 애는 그 문을 열은 채로 두었다.

▶ Das Kind *ließ* die Tür *auf*. (Er schloss sie nicht.)

auslassen

• 여비서는 그 편지에서 단어 한 개를 빠뜨렸다.

▶ Die Sekretärin *ließ* in dem Brief ein Wort *aus*. (Sie vergaß es.)

• 그는 춤추러 갈 기회를 결코 놓치지 않는다.

▶ Mein Freund *lässt* keine Gelegenheit *aus*, tanzen zu gehen. (Er geht tanzen, sooft er kann.)

etw. an ihm ~

• 그 남자는 그 개에게 화풀이한다.

▶ Der Mann *lässt* seine Wut *an* dem Hund *aus*. (Der Hund muss darunter leiden.)

belassen

• 사장은 그가 정직하지 않았지만, 그 직원을 그의 자리에 그대로 있게 하였다.

▶ Der Chef *beließ den Angestellten* auf seinem Posten, obwohl *er* unehrlich war. (Er ließ ihn in seiner Stellung.)

es bei etw. ~

• 친구들은 그 약속을 변경시키지 않고 그대로 둔다.

▶ Die Freunde *belassen es bei* der Verabredung. (Sie ändern den Termin nicht.)

durchlassen

• 제발, 나를 지나가게 해 주세요!

▶ Bitte, *lassen* mich *durch*! (Machen Sie mir Platz!)

• 그 외투는 방수가 안 된다.

Der Mantel *lässt* den Regen *durch*. (Er ist nicht wasserdicht.)

einlassen

• 목욕물을 욕조 안으로 들여보내!

Lass das Badewasser *ein*! (Lass das Wasser in die Wanne laufen!)

• 방문시간은 이미 지났지만, 문지기는 나를 들여보냈다.

Der Pförtner *ließ* mich *ein*, obwohl die Besuchszeit schon vorbei war. (Er erlaubte mir hereinzukommen.)

sich auf etw. ~

• 왜 너는 그것을 감행하였느냐?

Warum *hast* du *dich darauf eingelassen*? (Warum hast du das gemacht?)

sich in etw. ~

• 그는 부정한 사업에 발을 들여놓았다.

Er *hat sich in dunkle Geschäfte eingelassen*. (Er hat sie gemacht.)

sich mit jm. ~

• 이 사람과 깊이 사귀지 말라!

Lass dich nicht *mit* diesem Menschen *ein*! (Komme nicht in zu nahen Kontakt mit ihm!)

entlassen

• 그 노동자들은 해고된다.

Die Arbeiter werden *entlassen*. (Sie verlieren ihren Arbeitsplatz.)

erlassen

• 그 정부는 법률 한 개를 공포하였다.

▶ Die Regierung *hat* ein Gesetz *erlassen*. (Sie hat es gemacht.)

• 그 죄수에게 그 형의 나머지가 사면되었다.

▶ Dem Häftling wurde der Rest der Strafe *erlassen*. (Er durfte das Gefängnis vorzeitig verlassen.)

hinterlassen

• 제발 소식을 좀 남겨놓으세요!

▶ *Hinterlassen* Sie bitte eine Nachricht! (Lassen Sie bitte eine Nachricht zurück!)

• 그는 (쪽지에) 곧 돌아오겠다는 말을 써 놓았다.

▶ Er *hinterließ* (auf einem Zettel), dass er bald wiederkomme. (모델, 980쪽)

• 침입자는 도처에 손가락 자국들을 남겨놓았다.

▶ Der Einbrecher *hat* überall Fingerabdrücke *hinterlassen*. (Langenscheidt, S. 480)

• 그 책은 좋은 인상을 나에게 남겼다.

▶ Das Buch *hat* einen guten Eindruck *bei mir hinterlassen*. (Langenscheidt, S. 480)

jm. etw. ~ ('vererben')

• 고인(故人)이 된 그 남자는 그의 부인에게 그의 집을 상속재산으로 남겼다.

▶ Der Verstorbene *hat seiner Frau sein Haus hinterlassen*. (Langenscheidt, S.480) jn. ~ ('sterben und jn. zurücklassen')

- 그는 한 부인과 두 아이들을 유족으로 남기고 죽는다.
  - ▶ Er *hinterlässt* eine Frau und zwei Kinder. (Langenscheidt, S. 480)

nachlassen

- 내 차에 있는 제동기들의 성능이 약해졌다.
  - ▶ Die Bremsen an meinem Auto *haben nachgelassen*. (Sie haben sich gelockert.)

- 더위가 수그러졌다.
  - ▶ Die Hitze *hat nachgelassen*. (모델, 1443쪽)

- 그 학생의 성적은 많이 나빠졌다.
  - ▶ Der Schüler *ließ* sehr *nach*. (Seine Leistungen wurden schlechter.)

- 폭풍은 서서히 약화된다.
  - ▶ Der Sturm *lässt* allmählich *nach*. (Er wird schwächer.)

- 그 상인은 5유로를 할인해준다.
  - ▶ Der Kaufmann *lässt* fünf Euro *nach*. (Er setzt den Preis herunter.)

niederlassen

sich ~

- 그 의사는 함부르크에서 개업했다.
  - ▶ Der Arzt *hat sich* in Hamburg *niedergelassen*. (Er hat dort seine Praxis eröffnet.)

- 그녀는 가장 편안한 자리에 앉았다.

▶ Sie *ließ sich* auf dem bequemsten Stuhl *nieder*. (Sie setzte sich.)

überlassen

• 나는 당신에게 내 집을 1년 동안 마음대로 이용하도록 위임합니다.

▶ Ich *überlasse Ihnen meine Wohnung* für ein Jahr. (Ich gebe sie Ihnen.)

• 그 병든 남자는 의사에게 그 결정을 맡겼다.

▶ Der Kranke *überließ dem Arzt die Entscheidung*. (Der Arzt soll entscheiden.)

unterlassen

• 그 숙녀는 그 신사에게 담배를 끊을 것을 요청했다.

▶ Die Dame bat den Herrn, das Rauchen zu *unterlassen*. (Sie bat ihn, nicht zu rauchen.)

• 그는 그의 회사에 자신의 병에 대해 알리는 일을 방치했다.

▶ Er *hat* **es** *unterlassen*, seine Firma von seiner Krankheit *zu* verständigen. (Er hat die Firma nicht benachrichtigt.)

> ***es**는 seine Firma von seiner Krankheit *zu* verständigen을 주문장에서 미리 받아주는 '상관사'로서 생략이 불가능하다: man unterließ **es**, die Vorkommnisse *zu* untersuchen. (Duden, Universal, S. 1615)

verlassen

• 나는 베를린을 4월1일에 떠났다.

▶ Ich *habe* Berlin am 1. April *verlassen*. (Ich bin weggefahren.)

sich auf jn./etw. ~

- 나의 충고를 믿으세요!

  ▶ *Verlassen* Sie *sich auf meinen Rat*! (Vertrauen Sie meinem Rat!)

- 나는 나의 경리를 신뢰할 수 있다.

  ▶ Ich kann *mich auf meinen Buchhalter verlassen*. (Ich weiß, dass er gut arbeitet.)

zerlassen

- 사람들이 버터를 냄비에서 녹인다.

  ▶ Man *zerlässt* die Butter in der Pfanne. (Man lässt sie flüssig werden.)

zulassen

- 그 창문을 닫은 채로 두어!

  ▶ *Lass* das Fenster *zu*! (Öffne es nicht!)

- 그것을 나는 허용할 수 없어!

  ▶ Das kann ich nicht *zulassen*! (Das kann ich nicht erlauben.)

- 사람들이 그 대학생에게 시험을 치를 자격을 주었다.

  ▶ Man *hat den Studenten zum Examen zugelassen*. (Er darf das Examen machen.)

zurücklassen

- 홍수가 왔을 때, 주민들은 그들의 재산을 남겨두었다.

  ▶ Als das Hochwasser kam, *ließen* die Bewohner ihr Hab und Gut *zurück*. (Sie flüchteten ohne Sachen.)

• 그 운동선수는 상대방을 훨씬 추월했다.

▶ Der Sportler *hat* den Gegner weit hinter sich *zurückgelassen*. (Der Gegner konnte nicht mitkommen.)

028

laufen vs. ablaufen vs. anlaufen vs. auflaufen vs. auslaufen vs. belaufen vs. durchlaufen vs. einlaufen vs. entlaufen vs. hinauslaufen vs. ineinanderlaufen vs. nachlaufen vs. überlaufen vs. unterlaufen vs. verlaufen vs. zulaufen vs. zusammenlaufen

laufen, lief, gelaufen

(1) sich schnell bewegen

• 빨리 달리세요!

▶ *Laufen* Sie schnell! (Beeilen Sie sich!)

• 프란츠와 에밀은 내기 달리기를 한다.

▶ Franz und Emil *laufen um die Wette*. (Sie wollen sehen, wer schneller ist.)

• 우리 딸은 즐겨 썰매를 탄다.

▶ Unsere Tochter *läuft* gern *Schlittschuh*.

(2) gehen

• 우리는 걸어가며 택시를 타지 않는다.

▶ Wir *laufen* und nehmen kein Taxi. (Wir gehen zu Fuß.)

• 그 애는 이미 걸을 수 있다.

▶ Das Kind kann schon *laufen*. (Es kann gehen.)

• 내 차는 성능이 좋다.

Mein Auto *läuft gut*. (Es hat einen guten Motor.)

• 그 영화는 이미 4주째 상영되고 있다.

Der Film *läuft* schon *vier Wochen*.

*'기간'을 표현할 때에는 '명사의 4격'을 사용한다.

(3) fließen

• 빗물이 배수구에서 흘러나온다.

Das Regenwasser *läuft* aus der Rinne.

• 그 노파의 얼굴위로 눈물이 흘렀다.

Der alten Frau liefen die Tränen über das Gesicht.

**Der alten Frau*는 '소유의 3격'으로서 같은 문장안의 über das Gesicht, 즉 '신체의 일부 또는 의복'의 소유주를 나타내며, 문장의 첫째 자리에 올 수도 있고 강조될 수도 있다.

• 땀이 나의 등 아래로 타고 내려온다, 그렇게 날씨가 덥다.

Mir läuft der Schweiß den Rücken *hinunter*, so heiß ist es.

**Mir*도 den Rücken의 소유주를 나타내는 '소유의 3격'이다. *hinunterlaufen*은 4격을 요구하므로, den Rücken이 왔다.

(4) sich hinziehen, erstrecken

• 그 산맥은 북쪽으로 뻗어있다.

Das Gebirge *läuft* nach Norden. (Es erstreckt sich nach Norden.)

• 이 길은 늪을 통과한다.

▶ Dieser Weg *läuft* durchs Moor. (Er durchquert es.)

• 나의 소송은 아직 진행 중이다.

▶ Mein Prozess *läuft* noch. (Er ist noch nicht entschieden.)

• 그 직원의 계약은 아직 1년 더 유효하다.

▶ Der Vertrag des Angestellten *läuft* noch ein Jahr. (Er gilt noch ein Jahr.)

ablaufen

• 목욕물이 흘러나가지 않는다.

▶ Das Badewasser *läuft* nicht *ab*. (Die Wanne wird nicht leer.)

• 나의 계약이 올 해에 끝난다.

▶ Mein Vertrag *läuft* in diesem Jahr *ab*. (Er geht zu Ende.)

• 이의제기를 위한 기간이 경과했다.

▶ Die Frist für Reklamationen *ist abgelaufen*. (Sie ist vorbei/verstrichen.)

• 비자기간은 오래 전에 만료되었다.

▶ Das Visum *ist* längst *abgelaufen*. (모델, 18쪽)

• 모든 것은 잘 진행되었다.

▶ Alles *ist gut abgelaufen*. (Alles nahm ein gutes Ende.)

**gut*은 논항 '양태 Art und Weise'를 나타내는 '부사적 동사보충어'이다.

anlaufen

• 그 배는 나폴리 항에 정박하기 위해 접근했다.

▶ Das Schiff *hat Neapel angelaufen*. (Er ist in den Hafen eingefahren.)

• 수배가 즉시 시작된다.

▶ Die Fahndung *läuft* sofort *an*. (Sie beginnt sofort.) (모델, 102쪽)

• 그의 부채는 이제 1000유로에 달했다.

▶ Seine Schulden *sind* jetzt *auf 1000 Euro angelaufen*. (Er hat jetzt 1000 Euro Schulden.)

auflaufen

• 그 배는 한 개의 모래톱에 좌초했다.

▶ Das Schiff *ist auf eine Sandbank aufgelaufen*. (Es ist festgefahren.)

sich ~

• 그는 오래 걸어서 양쪽 발이 부었다.

▶ Bei der langen Wanderung *hat* er *sich* die Füße *aufgelaufen*. (Seine Füße sind wund.)

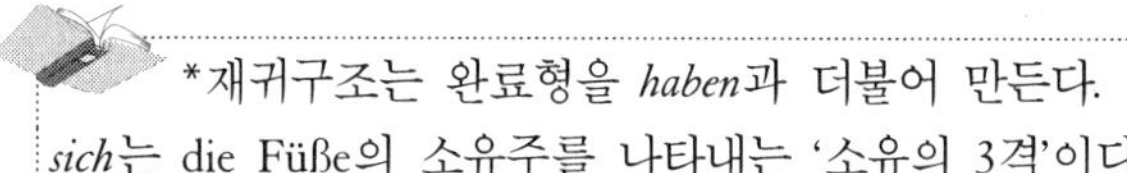

*재귀구조는 완료형을 *haben*과 더불어 만든다.
*sich*는 die Füße의 소유주를 나타내는 '소유의 3격'이다.

auslaufen

• 그 배는 어제 출항했다.

▶ **Das Schiff** *lief* gestern *aus*. (Es verließ den Hafen.)

• 벤진이 탱크에서 흘러나왔다.

▶ **Das Benzin** *ist aus dem Tank ausgelaufen*. (모델, 207쪽)

• 그 탱크가 새어나가 비어졌다.

▶ **Der Tank** *ist ausgelaufen*. (Er war undicht.)

*바로 앞의 예문 **Das Benzin** *ist aus dem Tank ausgelaufen*.의 주어 자리에 **Das Benzin**대신에 **Der Tank**가 와서 생겨난 *auslaufen*의 새로운 의미로서 이런 현상을 '주어교체현상'(Subjektsverschiebung)이라고 한다.

belaufen

sich auf etw. ~

• 계산서는 200유로에 달한다.

▶ Die Rechnung *beläuft sich auf* 200 Euro. (Sie beträgt 200 Euro.)

durchlaufen: (trennbar und untrennbar)

• 태양이 자신의 궤도를 완주한다.

▶ Die Sonne *durchläuft* ihre Bahn. (Sie vollendet ihre Bahn.)

• 그 청원서는 여러 부서들을 경유해야 한다.

▶ Der Antrag muss verschiedene Abteilungen *durchlaufen*. (Er wird in verschiedenen Abteilungen bearbeitet.)

• 그 소년은 그의 두 신발들을 닳아서 바닥이 구멍이 나도록 신었다.

▶ Der Junge *läuft* seine Schuhe *durch*. (Die Sohlen gehen kaputt.)

*'분리'와 '비분리'가 다 가능한 접두어들의 경우, '분리' 시에는 '구멍이 나는'과 같은 *durch*의 '구체적 의미'를 계속 보유하고 있는 데 반해, '비분리' 시에는 '완주' 또는 '경유'와 같은 '비유적 의미'를 띄게 되는 차이를 예문들에서 확인할 수 있다.

durch etw. ~

• 비가 지붕을 통해 새어 들어왔다.

▶ Der Regen *ist durch das Dach durchgelaufen*. (Er kam ins Haus.)

einlaufen

• 기차가 역에 들어왔다.

▶ Der Zug *lief ein*. (Er kam in den Bahnhof.)

• 그 커튼들은 처음 빨래했을 때 줄어들었다.

▶ Die Gardinen *sind* bei der ersten Wäsche *eingelaufen*. (Sie sind kürzer geworden.)

sich ~

• 그 기계는 길이 제대로 들었다.

▶ Die Maschine *hat sich eingelaufen*. (Sie läuft jetzt regelmäßig.)

entlaufen

• 그 개는 달아났다.

▶ Der Hund *ist entlaufen*. (Er ist fortgelaufen.)

hinauslaufen

auf etw. ~

• 그 사업은 결국 사기로 끝날 것이다.

▶ Das Geschäft *läuft auf* einen Betrug *hinaus*. (Man will betrügen; das Resultat wird ein Betrug sein.)

ineinanderlaufen

• 그 색들은 서로 혼합된다.

▶ Die Farben *laufen ineinander*. (Sie vermischen sich.)

nachlaufen

• 나는 내 돈을 놓아두었고, 그 여자 상인이 나를 따라와서 나에게 그것을 주었다.

▶ Ich hatte mein Geld liegen lassen, die Verkäuferin *lief mir nach* und gab es mir. (Sie folgte mir.)

• 그 젊은 남자는 그 소녀를 뒤쫓아 갔다.

▶ Der junge Mann *ist dem Mädchen nachgelaufen*. (Er war verliebt in sie und drängte sich ihr auf; I.)

• 대중이 따르기/추종하기 시작한 엉터리 구세주

▶ ein falscher Messias, *dem* das Volk *nachzulaufen* begann. (모델, 1443쪽)

• 시계가 늦게 간다.

▶ Die Uhr *läuft nach*. (모델, 1443쪽)

überlaufen: (trennbar)

• 그 끓는 우유가 냄비에서 넘쳐흐른다.

▶ **Die kochende Milch** *läuft über*. (Sie fließt aus dem Topf.)

*분리 동사 *überlaufen*에서는 전철 *über*에 강세(Akzent)가 온다.

• 그 욕조는 물이 넘쳐흐른다.

▶ **Die Badewanne** *läuft über*. (Langenscheidt, S. 990)

*여기에서도 '주어교체현상'이 일어났다. 즉 주어자리에 '흘러넘치는 액체 **Die kochende Milch**'대신에 '흘러넘치게 되는 용기(容器) **Die Badewanne**'가 와서 생겨난 *überlaufen*의 새로운 용법이다.

• 그 군인은 적에게 도망갔다.

▶ Der Soldat *ist zu dem Feind übergelaufen*. (er ist desertiert.)

überlaufen: (untrennbar)

• 한기가 그를 엄습하였다.

▶ Ein Frösteln *überlief* ihn. (모델, 2120쪽)

*비분리동사 *überlaufen*에서는 '기근동사'(Basisverb)인 *laufen*에 강세가 온다.

• 그 해변은 사람들로 초만원이었다.

▶ Die Strände *waren* völlig *überlaufen*. (Langenscheidt, S. 990)

**überlaufen*은 이미 형용사로 되어 '초만원'이라는 의미로 되었기 때문에, 부사적으로는 사용이 불가능하다. 반대말은 '사람이 없는' 즉 *menschenleer*이다.

unterlaufen: (untrennbar)

• 이따금 사람은 실수를 한다.

▶ Manchmal *unterläuft einem* ein Fehler. (모델, 2171쪽)

• 내가 실수를 한 개 저질렀다.

▶ *Mir ist* ein Fehler *unterlaufen*. (Ich habe einen Fehler gemacht.)

verlaufen

• 그 국경선은 북쪽에서 남쪽으로 뻗어 있다.

▶ Die Grenze *verläuft von Norden nach Süden*. (Sie geht in dieser Richtung.)

• 그 소송은 그에게 유리하게 진행되었다.

▶ Der Prozess *ist gut* für ihn *verlaufen*. (Er hat ihn gewonnen; der Prozess ist gut ausgegangen.)

• 그 협상들은 마찰 없이(=순조롭게) 진행되었다.

▶ Die Verhandlungen *verliefen reibungslos*. (Sie gingen ohne Zwischenfall.)

> **gut*과 *reibungslos*는 논항 '양태 Art und Weise'를 나타내는 '부사적 동사보충어'로서 생략이 불가능하다.

sich ~

• 그 방랑자는 숲에서 길을 잃었다.

▶ Der Wanderer *hat sich* im Wald *verlaufen*. (Er hat sich verirrt.)

zulaufen

• 우리한테 개 한 마리가 왔다.

▶ *Uns ist* ein Hund *zugelaufen*. (Ein fremder Hund ist zu uns gekommen.)

auf jn. ~

• 그 애는 아버지를 향해 달려갔다.

▶ Das Kind *lief auf den Vater zu*. (Es lief ihm entgegen.)

zusammenlaufen

• 사람들이 호기심을 가지고 모여든다.

➧ Die Menschen *laufen* neugierig *zusammen*. (Sie strömen zusammen.)

• 그 강들은 북쪽에서 합류한다.

➧ Die Flüsse *laufen* im Norden *zusammen*. (Sie vereinigen sich.)

• 나는 훌륭한 음식을 보면, 나의 입속에는 군침이 돈다.

➧ *Das Wasser läuft mir im Mund zusammen*, wenn ich das herrliche Essen sehe. (Ich bekomme sehr großen Appetit; I., U.)

029

leiden vs. erleiden vs. verleiden

leiden, litt, gelitten

an etw. ~

• 내 남편은 자주 치통을 앓는다.

➧ **Mein Mann** *leidet* häufig *an Zahnschmerzen*. (Er hat sie oft.)

Mann*은 '남자' 또는 '남편'의 의미를 갖고 있는 데, 여기에서는 소유관사 **Mein이 앞에 있으므로 '남편'이 더 적당하다.

unter etw. ~

• 많은 사람들이 더위에 시달리고 있다.

➧ Viele Menschen *leiden unter der Hitze*. (Sie ertragen sie schwer.)

*an etw. leiden*은 '어떤 병을 앓고 있다'를 뜻하므로 *etwas*에 '어떤 구체적 병(病)의 이름'이 오는 반면에, *unter etw. leiden*은 '어떤 고통스런 일로 시달리다'를 뜻하며, 따라서 'Diktatur, Hunger, Krankheit, Kälte처럼 고통을 가져다주는 모든 종류의 추상 명사'가 올 수 있다.

jn./etw. ~ können

• 나는 이 사람을 전혀 좋아하지 않아.

Ich *kann diesen Menschen nicht leiden*. (Ich mag ihn gar nicht.)

erleiden

• 그 사업가는 손해를 당했다.

Der Geschäftsmann *hat einen Schaden erlitten*. (Er hatte einen Schaden.)

• 그 편지는 아주 급하다.

Der Brief *darf keinen Aufschub erleiden*. (Er ist eilig.)

• 그의 계획들은 좌초당했다.

Seine Pläne *haben Schiffbruch erlitten*. (Sie sind nichts geworden, sie gingen schief; I.)

verleiden

• 그 편지는 나에게 여행에 대한 기쁨을 망쳐놓는다.

Der Brief *verleidet mir die Freude an der Reise*. (Er nimmt mir die Freude.)

leihen vs. ausleihen vs. beleihen vs. entleihen vs. verleihen

leihen, lieh, geliehen

• 나는 너에게 내 자전거를 빌려준다.

Ich *leihe dir mein Fahrrad*. (Ich gebe es dir für eine Zeit.)

sich[3] etw. (von jm.) ~ = sich etw. ausleihen, sich etw. borgen

• 무도회를 위해 나는 한 벌의 연미복을 빌렸다.

Für den Ball habe ich *mir einen Frack geliehen*. (Langenscheidt, S. 609)

• 나는 그 돈을 은행에서 차용했다.

Ich habe *mir das Geld bei der Bank geliehen*. (통용어, 모델, 1291쪽)

ausleihen

• 당신은 그 책을 빌려주십니까?

Leihen Sie das Buch *aus*? (Verborgen Sie es?)

beleihen

• 그 노동자는 그의 집을 담보로 3000유로를 대출받는다.

Der Arbeiter *beleiht sein Haus mit 3000 Euro*. (Er belastet es.)

entleihen

• 나는 그 책을 국립도서관에서 대출했다.

Ich *habe das Buch aus der Staatsbibliothek entliehen*. (Ich habe es mir geborgt.)

verlehen

- 그 회사는 차를 운전면허증 소지자에게만 빌려준다.
  - Die Firma *verleiht Wagen* nur *an Führerscheinbesitzer*. (Sie vermietet sie.)

- 그 유명한 작가에게 노벨상이 수여되었다.
  - *Dem berühmten Dichter ist* der Nobelpreis *verliehen worden*. (Er bekam ihn.)

031

nehmen vs. abnehmen vs. annehmen vs. aufnehmen vs. ausnehmen vs. benehmen vs. durchnehmen vs. einnehmen vs. entgegennehmen vs. entnehmen vs. festnehmen vs. herausnehmen vs. hinnehmen vs. mitnehmen vs. teilnehmen vs. übelnehmen vs. übernehmen vs. unternehmen vs. vernehmen vs. vornehmen vs. wahrnehmen vs. zunehmen vs. zurücknehmen vs. zusammennehmen

nehmen, nahm, genommen

- 그는 책상에서 그 책을 쥔다.
  - Er *nimmt* das Buch vom Tisch.

- 나는 그 상품을 구입한다.
  - Ich *nehme* die Ware. (Ich kaufe sie.)

- 당신은 차를 드시고 싶습니까 또는 커피를 드시고 싶습니까?
  - *Nehmen* Sie Tee oder Kaffee? (Was möchten Sie trinken?)

- 그 옷값으로 당신은 얼마를 받습니까?

➧ Was *nehmen* Sie für das Kleid? (Wie viel verlangen Sie?)

• 그 남자환자는 약을 복용한다.

➧ Der Kranke *nimmt* die Medizin. (Er schluckt sie.)

• 그 버스를 타십시요!

➧ *Nehmen* Sie den Autobus! (Fahren Sie mit dem Bus!)

• 목욕하시고 싶습니까?

➧ Wollen Sie *ein Bad nehmen*? (Wollen Sie baden?)

*이런 *nehmen*을 '기능 동사 Funktionsverb'라고 부르고, '기능동사 구문 Funktionsverbgefüge' *ein Bad nehmen*은 동사 *baden*의 의미에 상응하는 의미를 갖는다: *Abschied nehmen* = 'sich verabschieden', *Rache nehmen* = 'sich rächen' 등.

• 딸은 작별인사를 한다.

➧ Die Tochter *nimmt Abschied*. (Sie verabschiedet sich.)

• 적은 복수했다.

➧ Der Feind *hat Rache genommen*. (Er hat sich gerächt.)

• 그 직원은 8월에 휴가를 간다.

➧ Der Angestellte *nimmt* im August *Urlaub*. (Er geht in Urlaub.)

• 그 대학생은 그 일에 착수한다.

➧ Der Student *nimmt* die Arbeit *in Angriff*. (Er beginnt sie.)

sich ~

• 그는 자살했다.

➧ Er *hat sich das Leben genommen*. (Er hat sich getötet.)

• 조심해!

▶ *Nimm* dich *in Acht*! (Pass auf!)

• 나는 나의 선생님을 나의 모범으로 삼는다.

▶ Ich *nehme* mir meinen Lehrer *zum Vorbild*. (Ich will so werden wie er.)

für jn. Partei ~

• 나는 나의 친구 편을 든다.

▶ Ich *nehme für* meinen Freund *Partei*. (Ich trete für ihn ein; ich stelle mich auf seine Seite.)

jn. beim Wort ~

• 나는 네가 약속을 지킬 것이라고 믿는다.

▶ Ich *nehme* dich *beim Wort*! (Ich erwarte, dass du bei deinem Versprechen bleibst; I.)

die Verantwortung auf sich ~

• 아버지는 그 책임을 자신이 졌다.

▶ Der Vater *nahm* die Verantwortung *auf sich*. (Er trug die Verantwortung.)

etw. Adjektiv ~

• 너는 그 일을 너무 진지하게 생각한다.

▶ Du *nimmst* die Sache zu *ernst*. (Du machst dir zu viele Gedanken darüber.)

*동사 *halten*으로 바꾸면 Du *hältst* die Sache *für* zu *ernst*. 로 바뀌게 된다.

abnehmen

• 나는 그 요양치료에서 체중을 5 킬로를 감량했다.

➤ Ich *habe* bei der Kur fünf Kilo *abgenommen*. (Ich verlor fünf Kilo.)

• 달이 작아진다.

➤ Der Mond *nimmt ab*. (Er wird scheinbar kleiner.)

• 청중들의 흥미는 감소되었다.

➤ Das Interesse der Zuhörer *nahm ab*. (=Es wurde schwächer.)

• 테이블보를 제발 치워주세요!

➤ *Nimm* bitte das Tischtuch *ab*! (Nimm es vom Tisch.)

• 그 의사는 사고를 당한 남자에게서 팔 한 개를 절단할 수밖에 없었다.

➤ Der Arzt musste *dem Verunglückten* einen Arm *abnehmen*. (er musste den Arm amputieren.)

• 그 젊은 남자는 그 노파로부터 가방을 받아들었다.

➤ Der junge Mann *nahm der alten Dame* den Koffer *ab*. (Er trug ihn für sie.)

• 아버지는 앞으로 더 열심히 공부하겠다는 약속을 나에게서 받아낸다.

➤ Der Vater *nimmt mir* ***das Versprechen*** *ab*, in Zukunft fleißiger zu arbeiten. (Ich muss es ihm versprechen.)

*in Zukunft fleißiger zu arbeiten은 앞에 나온 명사 ***das Versprechen***을 수식해주는 '명사수식어 Attribut'의 역할을 하고 있다.

annehmen

• 그 비행기 조종사는 날씨가 곧 좋아지리라고 믿는다.

▶ Der Pilot *nimmt an*, dass das Wetter bald gut wird. (Er glaubt es; er vermutet es.)

• 나는 당신의 초대를 감사하면서 받아들인다.

▶ Ich *nehme* Ihre Einladung dankend *an*. (Ich sage "ja".)

• 이 편지를 나는 수령하지 않는다.

▶ Diesen Brief *nehme* ich nicht *an*. (Ich akzeptiere ihn nicht.)

• 그 어린 소녀는 취직했다.

▶ Das junge Mädchen *hat* eine Stellung *angenommen*. (Es hat begonnen zu arbeiten.)

• 아이가 없는 그 부부는 한 애를 양자로 받아들였다.

▶ Das kinderlose Ehepaar *hat* ein Kind *angenommen*. (Sie haben es adoptiert.)

sich js. ~

• 적십자사는 집 없는 사람들을 돌보았다.

▶ Das Rote Kreuz *hat sich der Obdachlosen angenommen*. (Es hat sich um sie gekümmert.)

aufnehmen

• 함부르크는 외국인들을 잘 맞아들인다.

▶ Hamburg *nimmt* die Ausländer gut *auf*. (Die Stadt empfängt sie freundlich.)

• 청중들은 새 연극작품에 감동되었다.

▶ Das Publikum *nahm* das neue Theaterstück begeistert *auf*. (Es war von dem Stück begeistert.)

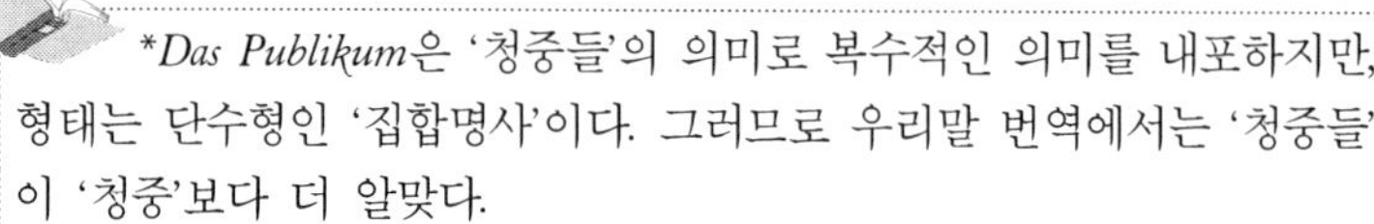

*Das Publikum*은 '청중들'의 의미로 복수적인 의미를 내포하지만, 형태는 단수형인 '집합명사'이다. 그러므로 우리말 번역에서는 '청중들'이 '청중'보다 더 알맞다.

• 그 남자는 그 소식을 태연하게 들었다.

▶ Der Mann *hat* die Nachricht gelassen *aufgenommen*. (Er hörte sie mit Ruhe.)

• 나는 그 연주회를 테이프에 녹음했다.

▶ Ich *habe* das Konzert auf Tonband *aufgenommen*. (Ich konserviere es.)

es mit jm. ~

• 그는 그의 적과 싸움을 시작한다.

▶ Er *nimmt es mit seinem Gegner auf*. (Er beginnt den Kampf.)

ausnehmen

• 그 애들은 새집을 몽땅 비워버린다.

▶ Die Kinder *nehmen* ein Vogelnest *aus*. (Sie holen die Eier heraus.)

sich ~

• 마이어 씨는 그의 선장복장이 잘 어울린다.

▶ Herr Meier *nimmt sich* in seiner Kapitänsuniform *gut aus*. (Er sieht gut aus.)

*gut*은 논항 '양태'를 나타내는 '부사적 동사보충어'이다.

jn. von etw. ~

• 당신을 나는 나의 비판에서 제외시키겠다.

▶ Sie *nehme* ich *von meiner Kritik aus*. (Sie sind nicht gemeint. Sie sind die Ausnahme.)

benehmen

sich benehmen

• 마이어 씨는 예의 바르게 행동한다.

▶ Herr Meier *benimmt sich gut*. (Er hat gute Manieren.)

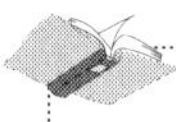

*gut은 논항 '양태'를 나타내는 '부사적 동사보충어'이다.

durchnehmen

• 그 선생님은 문법에서 새로운 한 장(章)을 충분히 토론한다.

▶ Der Lehrer *nimmt* ein neues Kapitel in der Grammatik *durch*. (Er bespricht es.)

einnehmen

• 그 상인은 오늘 돈을 많이 벌었다.

▶ Der Kaufmann *hat* heute viel *eingenommen*. (Er kassierte heute viel Geld.)

• 이 약을 정시에 복용하세요!

▶ *Nehmen* Sie diese Medizin pünktlich *ein*! (Schlucken Sie sie pünktlich!)

• 군인들이 그 도시를 점령한다.

▶ Die Soldaten *nehmen* die Stadt *ein*. (Sie erobern die Stadt.)

• 연극방문객들은 그들의 자리에 앉는다.

Die Theaterbesucher *nehmen* ihre Plätze *ein*. (Sie setzen sich auf ihre Plätze.)

• 그 큰 책상은 많은 공간을 차지한다.

Der große Schreibtisch *nimmt* viel Raum *ein*. (Er braucht viel Platz.)

• 그의 친절한 성품이 나의 호감을 산다.

Sein freundliches Wesen *nimmt mich für ihn ein*. (Es macht ihn mir sympathisch.)

• 그의 사장은 그에 의해 매혹당해 있다.

Sein Chef *ist von ihm eingenommen*. (Er ist mit ihm sehr zufrieden.)

entgegennehmen

• 시장님은 그 훈장을 수령했다.

Der Bürgermeister *nahm* den Orden *entgegen*. (Er empfing ihn.)

entnehmen

• 경리는 금고에서 300유로를 끄집어낸다.

Der Kassierer *entnimmt der Kasse 300 Euro*. (Er nimmt das Geld heraus.)

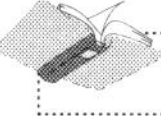

**der Kasse*는 '3격'이고, *300 Euro*는 '4격'이다.

etw[4]. aus etw. ~

• 이 보도를 나는 신문에서 읽었다.

Diese Meldung habe ich (aus) der Zeitung entnommen. (Gruyter,

S. 282)

• 나는 그의 이야기로부터 그가 만족하고 있다는 사실을 추론했다.

▶ Ich *entnahm aus seiner Erzählung, dass* er zufrieden ist. (Ich hörte es heraus.)

• 그들의 암시에서 나는 그 계획이 곧 시작될 것이라는 결론을 내렸다.

▶ *(Aus) ihren Andeutungen* habe ich *entnommen, dass* das Projekt sehr bald starten wird. (Langenscheidt, S. 282)

> **etw*[4]. *aus etw. entnehmen*은 '어떤 말/텍스트에서 어떤 결론을 유추해내다'라는 의미로서 '4격 보충어'자리에 '*dass*-문장'이 자주 옴을 확인할 수 있다.

festnehmen

• 경찰이 그 혐의자를 체포했다.

▶ Die Polizei *nahm* den Verdächtigen *fest*. (Sie verhaftete ihn.)

herausnehmen

• 그 양복을 옷장에서 끄집어내어라!

▶ *Nimm* den Anzug *aus dem Schrank heraus*! (Hole ihn heraus!)

hinnehmen

• 그 견습생은 비난을 반대 없이 감수했다.

▶ Der Lehrling *nahm* den Tadel widerspuchslos *hin*. (Er widersprach nicht.)

mitnehmen

• 나는 어떤 경우에도 우산 한 개를 가지고 가겠다.

Ich *nehme* auf alle Fälle einen Schirm *mit*. (Ich gehe nicht ohne Schirm.)

• 더위는 그 노파를 아주 피곤하게 만들었다.

Die Hitze *hat* die alte Frau sehr *mitgenommen*. (Die Hitze machte sie müde.)

teilnehmen

an etw. ~

• 나는 그 여행에 참가하겠다.

Ich *nehme an der Reise teil*. (Ich fahre mit.)

• 그는 내 걱정들을 함께 나누었다.

Er *nahm an meinen Sorgen teil*. (Er fühlte sie mit mir.)

übelnehmen

• 이 불손한 태도로 나는 그를 나쁘게 여긴다.

Diese Unhöflichkeit *nehme* ich *ihm übel*. (Ich ärgere mich darüber; ich bin ihm deshalb böse.)

übernehmen: (untrennbar)

• 아들이 아버지의 사업/상점을 넘겨받았다.

Der Sohn *übernahm* das Geschäft des Vaters. (Er trat an seine Stelle.)

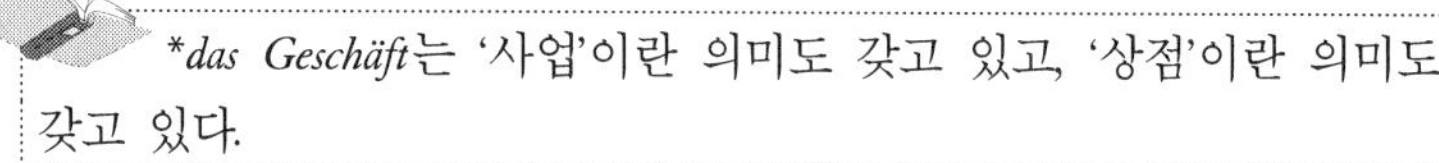

**das Geschäft*는 '사업'이란 의미도 갖고 있고, '상점'이란 의미도 갖고 있다.

• 뮬러 씨가 책임을 떠맡는다.

▶ Herr Müller *übernimmt* die Verantwortung. (Er nimmt sie auf sich.)

unternehmen: (untrennbar)

• 너희들은 일요일에 무엇을 했느냐?

▶ Was *habt* ihr am Sonntag *unternommen*? (Was habt ihr gemacht?)

vernehmen

• 그는 그 차의 소음을 들었다.

▶ Er *vernahm* das Geräusch des Wagens. (Er hörte es.)

• 판사는 증인들을 심문한다.

▶ Der Richter *vernimmt* die Zeugen. (Er befragt sie vor Gericht.)

vornehmen

sich etw. ~

• 나는 곧 시험을 치를 결심을 한다.

▶ Ich *nehme mir vor*, bald meine Prüfung *zu* machen. (Ich fasse den Entschluss.)

*'결심하다'를 표현할 때에는 항상 'Infinitiv mit *zu*'와 함께 옴을 다음 예문에서도 확인할 수 있다.

나는 앞으로는 그것을 포기하기로 결심했다.

– Ich *habe mir vorgenommen*, in Zukunft darauf *zu* verzichten. (모델, 2270쪽)

*재귀대명사가 3격이라도 '재귀구조'는 완료형을 항상 *haben*과 더불어 만드는 사실을 이 예문에서 확인할 수 있다.

• 에른스트는 많은 것을 계획한다.

Ernst *nimmt sich* viel *vor*. (Er plant viel; er hat ein hohes Ziel.)

wahrnehmen

• 나는 그 소음이 멈추었다는 것을 알아채었다.

Ich *nahm wahr*, dass der Lärm aufgehört hatte. (Ich bemerkte es.)

• 당신은 그 기회를 놓치지 말고 이용하십시요!

Nehmen Sie die Gelegenheit *wahr*! (Nützen Sie sie aus!)

• 그 변호사는 나의 **이익들**을 대변한다.

Der Rechtsanwalt *nimmt* **meine Interessen** *wahr*. (Er kümmert sich darum.)

*__das Interesse__가 '관심'을 뜻할 때에는 복수형이 사용되지 않지만, **'이익'**을 뜻할 때에는 **주로 복수형**이 사용된다.

zunehmen

• 베르거부인은 생크림을 많이 먹었기 때문에, 몸무게가 늘었다.

Weil **sie** viel Schlagsahne aß, *nahm* **Frau Berger** *zu*. (Sie wurde dicker.)

*인칭대명사 **sie**는 뒤에 나오는 **Frau Berger**를 가리키기 때문에 '후방 지시사 Katapher'라고 한다.

zunehmen('살이 찌다')의 반대말은 *abnehmen*('살이 빠지다')이다.

• 달이 더 커진다.

Der Mond *nimmt zu*. (Seine Scheibe wird voller.)

• 소음이 더 커졌다.

▶ Der Lärm *nahm zu*. (Es wurde lauter.)

an etw. ~

• 주민의 수가 증가한다.

▶ Die Bevölkerung *nimmt an* Zahl *zu*. (Sie wird größer.)

zurücknehmen

• 상인이 결함 있는 물품을 다시 환불해주었다.

▶ Der Kaufmann *hat* die schadhafte Ware wieder *zurückgenommen*.

• 그는 모욕을 준 것을 취소하고 사과해야만 했다.

▶ Er musste die Beleidigung *zurücknehmen*. (Er musste sie widerrufen; er musste sich entschuldigen.)

zusammennehmen

• 너의 생각들을 집중해보아라!

▶ *Nimm* deine Gedanken *zusammen*! (Konzentriere dich! Strenge dich an!)

sich ~

• 정신 좀 차려라!

▶ *Nimm dich zusammen*! (Beherrsche dich!)

nennen vs. benennen vs. ernennen vs. umbenennen

nennen, nannte, genannt

- 당신의 이름을 말씀하세요!

  Nennen Sie Ihren Namen! (Sagen Sie Ihren Namen!)

- 세계에서 가장 높은 산들을 저에게 말해보세요!

  Nennen Sie mir die höchsten Berge der Welt! (Zählen Sie sie auf!)

- 그는 그를 바보라고 불렀다.

  Er *nannte ihn einen Dummkopf*. (Er sagte, er sei ein Dummkopf.)

- 그 일에 대해 분명히 이야기하자!

  Nennen wir das Kind beim Namen! (Sprechen wir klar über die Sache! I., U.)

benennen

- 우리는 그에게 어떤 이름을 지어주어야 할까?

  Wie sollen wir ihn *benennen*? (모델, 275쪽)

- 사람들은 이 거리를 한 철학자의 이름을 따라 불렀다.

  Man *hat* diese Straße *nach einem Philosophen benannt*. (Langenscheidt, 142쪽 참조)

*(Langenscheidt, 142쪽 참조)는 여기를 참조하여 편저자가 예문을 만들어내었음을 뜻한다. 그에 반해 (Langenscheidt, 142쪽)은 예문을 그대로 이곳에서 옮겼음을 뜻한다.

• 나는 이 식물의 이름을 지을 수가 없다.

▶ Ich kann diese Pflanze nicht *benennen*. (Langenscheidt, 142쪽)

• 그는 증인으로 지명되었다.

▶ Er wurde *als Zeuge benannt*. (Ebd.)

ernennen

jn. zu etw. ~

• 회사의 감사기관은 그를 사장으로 임명했다.

▶ Der Aufsichtsrat *ernannte ihn zum Direktor*. (Man gab ihm den Posten des Direktors.)

umbenennen

• 그 거리는 개명(改名)되었다.

▶ Die Straße wurde *umbenannt*. (Sie bekam einen anderen Namen.)

033 raten vs. abraten vs. anraten vs. beraten vs. erraten vs. geraten vs. verraten vs. zuraten

raten, riet, geraten

• 애들은 즐겨 수수께끼를 푼다.

▶ Kinder *raten* gerne Rätzel. (Sie lösen gerne Rätzel.)

• 그 시계가 값이 얼마 들었는지 한 번 알아 맞추어봐!

▶ *Rate* einmal, was die Uhr gekostet hat! (Schätze den Preis!)

• 그는 그에게 조심하라고 충고했다.

▶ Er riet *ihm zur Vorsicht*. (모델, 1671쪽)

• 내 친구는 나에게 의사에게 찾아 갈 것을 충고했다.

▶ Mein Freund *riet mir*, zum Arzt *zu* gehen. (Er sagte, ich solle das tun.)

*동사 *raten*의 동사 결합가는 'Enom, Edat, Epräp(=*zu*)'이다. 이 예문은 상관사 *dazu*가 생략된 '부정형구문'이다.

• 나는 너에게 그것을 즉시 그만 둘 것을 충고한다.

▶ Ich *rate dir*, sofort damit aufzuhören. (모델, 1671쪽)

• 충고를 듣지 않는 사람은 도와줄 수도 없다.

▶ Wem nicht *zu raten ist*, dem ist auch nicht zu helfen. (Sprw.)

*'sein + Infinitiv mit *zu*'는 여기에서는 'können Partizip II werden'이다: 'Wem nicht geraten werden kann, dem kann auch nicht geholfen werden'.

abraten

• 페터는 나에게 그 자리를 받아들이지 말 것을 충고했다.

▶ Peter *riet mir ab*, die Stelle anzunehmen. (Er warnte mich.)

• 나는 단지 그것을 그만 두도록 충고할 수 있을 따름이다.

▶ Da kann ich nur *abraten*. (Langenscheidt, S. 12)

jm. von etw. ~

• 나는 그녀에게 여행/계획을 포기하도록 충고했다.

▶ Ich *habe ihr von einer Reise/einem Plan abgeraten*. (Langenscheidt, 12쪽 참조)

anraten

• 기업경영진에 의해 그는 갈 것을 충고 받았다.

▶ Es wurde *ihm von der Geschäftsführung angeraten zu* gehen. (Man legte es ihm nahe; man riet es ihm sehr.)

beraten

• 내 변호사는 나에게 잘 조언해주었다.

▶ Mein Anwalt *hat* **mich** gut *beraten*. (Er gab mir einen guten Rat.)

*'*be*-동사'는 모두 '4격'을 요구한다. *sich betrinken, sich bedanken*의 *sich*도 4격이다.

*beraten*의 4격 보충어로 '사람'이 오면 '조언 받는 사람'이 되지만, 다음 예문에서처럼 '법률'이 오면, '토론의 대상'이 된다.

• 국회는 그 법률을 토론했다.

▶ Das Parlament *hat* **das Gesetz** *beraten*. (Es besprach das Gesetz.)

sich mit jm. ~

• 그는 그의 아버지와 자신의 직업교육에 대해 의논한다.

▶ Er *berät sich mit seinem Vater über seine Berufsausbildung*. (Sie besprechen das Problem.)

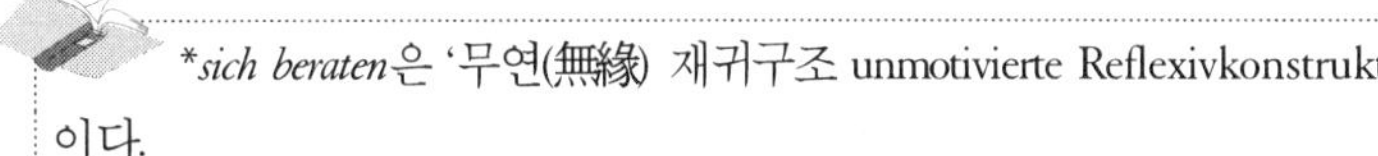

**sich beraten*은 '무연(無緣) 재귀구조 unmotivierte Reflexivkonstruktion'이다.

erraten

• 나는 그 수수께끼를 풀었다.

▶ Ich *habe* das Rätsel *erraten*. (Ich habe die Lösung gefunden.)

• 그는 나의 의도를 즉시 알아채었다.

▶ Er *erriet* meine Absicht sofort. (Er durchschaute mich.)

geraten

• 그 케이크는 잘 굽혔다.

▶ Der Kuchen *ist* gut *geraten*. (Er ist gelungen.)

• 오랫동안 헤맨 후에 나는 마침내 정거장에 도착했다.

▶ Nach langem Herumlaufen *geriet* ich schließlich *zum Bahnhof*. (Ich kam zum Bahnhof.)

in etw[4]. ~

• 한스는 돈이 궁하게 되었다.

▶ Hans *geriet in Geldschwierigkeiten*. (Er kam in Schwierigkeiten.)

• 나는 쉽게 당황한다.

▶ Ich *gerate* leicht *in Verlegenheit*. (Ich werde leicht verlegen.)

verraten

• 스파이는 그의 조국을 배신한다.

▶ Der Spion *verrät* sein Vaterland. (Er bricht seinem Land die Treue.)

• 너의 옷값을 나에게 발설/누설하라!

▶ *Verrate* mir den Preis deines Kleides! (Sage mir, was es gekostet hat!)

zuraten

- 그 일은 좋다. 나는 단지 너에게 그것을 하라고 권고할 수 있을 따름이다.

▶ Der Job ist gut, ich kann *dir* nur *zuraten, ihn zu nehmen*. (Langenscheidt, S. 1155)

**jm. zu etw. zuraten*은 *jm. von etw. abraten*의 반대말이다. 상관사(相關詞, Korrelat) *dazu* 와 *davon*은 생략가능한 상관사임을 다음 예문들에서 알 수 있다: Der Job ist gut, ich kann *dir* nur *zuraten, ihn zu nehmen*; Peter *riet mir ab, die Stelle anzunehmen*.

034

rufen vs. abberufen vs. abrufen vs. anrufen vs. aufrufen vs. ausrufen vs. berufen vs. einberufen vs. hervorrufen vs. widerrufen

rufen, rief, gerufen

- 뻐꾸기가 운다.

▶ Der Kuckuck *ruft*. (Er schreit.)

- 나는 그 애를 부른다.

▶ Ich *rufe* das Kind. (Das Kind soll kommen.)

- 익사의 위험에 놓인 자는 도와달라고 외친다.

▶ Der Ertrinkende *ruft um Hilfe*.

- 하느님은 내 친구를 자신에게 불러갔다.

▶ Gott *hat* meinen Freund *zu sich gerufen*. (Er ist gestorben; I.)

nach jm. ~

• 손님은 급사를 부른다.

▶ Der Gast *ruft nach* dem Kellner. (Er ruft ihn.)

abberufen

• 그 외교관은 본국으로 소환명령을 받았다.

▶ Der Diplomat wurde *abberufen*. (Er musste in sein Land zurück.)

abrufen

• 그 철도공무원은 열차들의 출발을 알린다.

▶ Der Bahnbeamte *ruft* die Züge *ab*. (Er gibt ihre Abfahrt bekannt.)

• 상인은 구입한 물품의 인도를 요구했다.

▶ Der Kaufmann *hat* die gekaufte Ware *abgerufen*. (Er verlangte Lieferung.)

anrufen

• 나는 병원에 전화했다.

▶ Ich *habe* das Krankenhaus *angerufen*. (Ich telefonierte mit dem Krankenhaus.)

• 환자는 하느님에게 도움을 간청한다.

▶ Der Kranke *ruft Gott um Hilfe an*. (Er betet.)

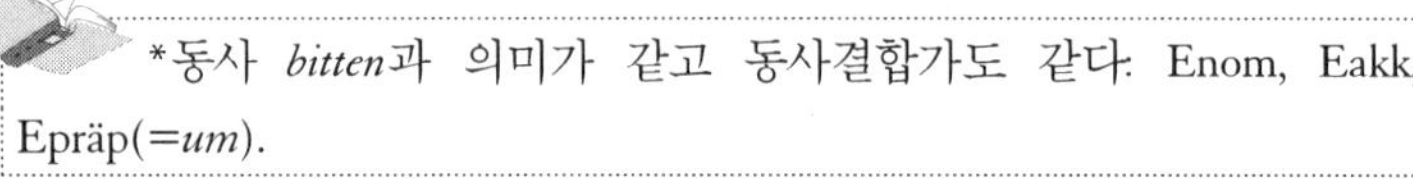

*동사 *bitten*과 의미가 같고 동사결합가도 같다: Enom, Eakk, Epräp(=*um*).

aufrufen

- 선생님은 그 학생의 이름을 불러 질문했다.
  - Der Lehrer *hat* den Schüler *aufgerufen*. (Er sagte seinen Namen und wollte eine Antwort haben.)

- 정부는 절약하라고 호소한다.
  - Die Regierung *ruft zur Sparsamkeit auf*. (Sie fordert sie.)

ausrufen

- 백화점에서 한 아이의 이름이 크게 호명되어 그의 가족들을 찾고 있다.
  - Im Warenhaus wird ein Kind *ausgerufen*. (Man sucht mit Lautsprechern seine Angehörigen.)

- 그 상인은 그의 상품을 큰 소리로 사라고 외쳤다.
  - Der Verkäufer *rief* seine Ware *aus*. (Er machte Reklame dafür.)

- 나폴레온은 황제로 공포되었다.
  - Napoleon wurde *zum Kaiser ausgerufen*. (Seine Wahl wurde bekanntgegeben.)

berufen

- 사람들은 그 교수를 역사담당 교수직에 초빙했다.
  - Man *berief den Professor auf den Lehrstuhl für Geschichte*. (Er bekam eine Professur.)

sich auf jn./etw. ~

- 그 구직 남성은 뮬러 씨를 근거로 내세웠다.
  - Der Stellungssuchende *berief sich auf Herrn Müller*. (Herr Müller war

seine Referenz.)

• 나는 당신의 약속을 근거로 내세운다.

▶ Ich *berufe mich auf Ihr Versprechen*. (Ich beziehe mich darauf.)

zu etw. ~ sein

• 너는 예술가적인 재능이 있다.

▶ Du *bist zum Künstler berufen*. (Du hast eine große Begabung.)

einberufen

• 사람들이 1952년생들을 군대에 소집했다.

▶ Man *hat* den Jahrgang 1952 *einberufen*. (Angehörige dieses Jahrgangs müssen Soldaten werden.)

hervorrufen

• 그 병은 잘못된 섭생으로 생겨났다.

▶ Die Krankheit wurde durch falsche Ernährung *hervorgerufen*. (Falsche Ernährung war die Ursache der Krankheit.)

widerrufen

• 지방 단체장은 그 명령을 취소했다.

▶ Der Gemeindevorstand *widerrief* die Anordnung. (Er nahm sie zurück.)

schaffen vs. abschaffen vs. anschaffen vs. beschaffen vs. erschaffen vs. verschaffen

schaffen, schuf, geschaffen (oder: schaffte, geschafft)

(1) schaffen (stark), schuf, geschaffen - etw. Neues machen, etw. formen

- 베토벤이 아홉 개의 교향곡을 작곡했다.

  ▶ Beethoven *schuf* neun Symphonien. (Er komponierte sie.)

- 그 시(市)는 많은 어린이 놀이터들을 만들었다.

  ▶ Die Stadt *hat* viele Kinderspielplätze *geschaffen*. (Sie hat sie angelegt.)

- 태초에 하느님이 하늘과 땅을 창조했다.

  ▶ Am Anfang *schuf* Gott Himmel und Erde. (Er machte sie aus dem Nichts.)

(2) schaffen (schwach), schaffte, geschafft - etw. wegbringen, arbeiten, erreichen

- 사환이 그 편지들을 우체국으로 가져갔다.

  ▶ Der Bote *schaffte* die Briefe zur Post. (Er brachte sie dorthin.)

- 환자는 병원으로 운송된다.

  ▶ Der Kranke wird ins Krankenhaus *geschafft*. (Er wird dorthin gebracht.)

- 어머니는 정원에서 부지런히 일했다.

  ▶ Die Mutter *schaffte* fleißig im Garten. (Sie arbeitete viel dort.)

- 너는 그 기차를 놓치지 않고 탈 수 있었니?

▶ *Hast* du den Zug noch *geschafft*? (Hast du ihn erreicht?)

• 내일까지 나는 그 일을 끝낼 수 없어!

▶ Bis morgen *schaffe* ich die Arbeit nicht. (Ich bringe sie nicht fertig.)

• 너는 나에게 많은 일거리/걱정거리를 만들어 주고 있어.

▶ Du *machst* mir viel *zu schaffen*. (Du machst mir viel Arbeit, Mühe und Sorgen; I.)

abschaffen: (nur schwach)

• 자동차는 모두 없애야만 할 것이다.

▶ Die Autos müssten alle *abgeschafft* werden. (모델, 25쪽)

• 시대에 뒤진 낡은 법들은 사람들이 폐기한다.

▶ Veraltete Gesetze *schafft* man *ab*. (Man hebt sie auf.)

sich ~

• 너는 지치도록 너무 심하게 일한다.

▶ Du *schaffst dich* zu sehr *ab*. (모델, 25쪽)

anschaffen: (nur schwach)

• 집주인은 겨울을 대비해 석탄을 장만하였다.

▶ Der Hausherr *hat* für den Winter Kohlen *angeschafft*. (Er hat sie besorgt.)

• 나는 내가 타려고 차 한대를 구입한다.

▶ Ich *schaffe mir* ein Auto *an*. (Ich kaufe mir eins.)

*mir는 'für mich'를 뜻하고 '이익의 3격 dativus commodi'이라고 불리고, '동사보충어'(Ergänzung)가 아니라 '임의첨가어'(Angabe)이다. 그렇지만 '1차적 문장성분'(primäres Satzglied)이기 때문에, 문장의 첫째 자리에 올 수 있고, 대명사로도 명사로도 올 수 있다: Mir schaffe ich ein Auto an.

beschaffen: (nur schwach)

• 당신은 나에게 집 한 채를 마련해 줄 수 있습니까?

▶ Können Sie mir eine Wohnung *beschaffen*? (Können Sie mir eine Wohnung besorgen?)

erschaffen: (nur stark)

• 바그너는 새로운 유형의 음악극장을 창조했다.

▶ Wagner *erschuf* einen neuen Typus des Musiktheaters. (Er ließ ihn entstehen.)

*erschaffen도 schaffen처럼 '창조하다'를 뜻하지만, 'gehobene Sprache 고상한 문체'로서 성경 또는 문학작품에 잘 쓰인다.

verschaffen: (nur schwach)

• 나는 그에게 좋은 자리 한 개를 구해주었다.

▶ Ich *verschaffte* ihm eine gute Stellung. (Ich besorgte sie ihm.)

schlafen vs. ausschlafen vs. durchschlafen vs. einschlafen vs. verschlafen

schlafen, schlief, geschlafen

• 잘 자라!

▶ *Schlaf* gut! (Habe eine gute Nacht!)

• 그 상인은 주의하지 않았다.

▶ Der Kaufmann *hat geschlafen*. (Er hat nicht aufgepaßt; I., U.)

ausschlafen

• 일요일에는 가족이 모두 충분히 잠을 잘 수 있다.

▶ Sonntags kann die ganze Familie *ausschlafen*. (Sie kann so lange schlafen, wie sie will.)

• 그 술 취한 남자는 잠을 푹 자서 술에서 깨어난다.

▶ Der Betrunkene *schläft* seinen Rausch *aus*. (Er schläft so lange, bis er wieder nüchtern ist.)

durchschlafen

• 건강한 애는 밤에 잠을 깨지 않고 계속 잔다.

▶ Ein gesundes Kind *schläft* nachts *durch*. (Es wacht nachts nicht auf.)

einschlafen

• 그는 침대에 누우면 항상 곧 잠이 든다.

▶ Er *schläft* immer gleich *ein*. (Er beginnt gleich zu schlafen.)

• 그 노파는 안락사 하였다.

▶ Die alte Frau *ist* sanft *eingeschlafen*. (Sie hatte einen leichten Tod.)

verschlafen

• 오늘 아침에 나는 늦잠을 잤다.

▶ Heute Morgen *habe* ich *verschlafen*. (Ich wachte zu spät auf.)

037

schließen vs. abschließen vs. anschließen vs. aufschließen vs. ausschließen vs. beschließen vs. einschließen vs. entschließen vs. erschließen vs. umschließen vs. verschließen vs. zuschließen

schließen, schloss, geschlossen

• 그 문을 닫아라!

▶ *Schließe* die Tür! (Mache die Tür zu!)

• 그 뚜껑이 잘 닫히지 않는다.

▶ Der Deckel *schließt* nicht richtig. (모델, 1821쪽)

• 그 상처는 아물었다.

▶ Die Wunde *hat sich geschlossen*. (Ebd.)

*'재귀구조'는 완료형을 *haben*과 더불어 만든다.

• 그 강연에 잇달아 토론도 있었다.

▶ *An den* Vortrag *schloß sich* noch eine Diskussion. (Ebd.)

• 그는 그의 편지를 ...이라는 말로 끝냈다.

▶ Er *schloß* seinen Brief *mit* den Worten...(Ebd.)

• 이 장면으로 그 작품은 끝난다.

▶ *Mit* dieser Szene *schließt* das Stück. (Ebd.)

• 몇 개의 국가들이 동맹을 맺었다.

▶ Einige Staaten *schlossen* ein Bündnis. (Sie machten einen Vertrag.)

• 어머니가 딸을 품에 안았다.

▶ Die Mutter *hat* die Tochter *in die Arme geschlossen*. (Sie hat sie umarmt; I.)

von jm. auf jn./etw. ~

• 아들로부터 전 가족이 다 그렇다고 추론하지마라!

▶ *Schließe* nicht *von dem Sohn auf die ganze Familie!* (Glaube nicht, dass alle so sind.)

aus etw. ~

• 네 반응을 보고, 나는 네가 다른 의견이라고 미루어 생각한다.

▶ *Aus deiner Reaktion schließe* ich, *dass* du anderer Meinung bist. (모델, 1821쪽)

abschließen

• 그 문을 자물쇠로 채워 잠그라!

▶ *Schließe* das Tor *ab!* (Verschließe es mit einem Schlüssel!)

• 하지만 너는 여기에서 세상을 등질 수는 없어!

▶ Du kannst dich doch nicht hier *von* der Welt *abschließen*! (모델, 26쪽)

• 그 행사는 불꽃놀이로 끝났다.

▶ Die Veranstaltung wurde durch ein Feuerwerk *abgeschlossen*. (Ebd.)

• 나는 보험계약을 한 건 체결했다.

▶ Ich *habe* eine Versicherung *abgeschlossen*. (모델, 27쪽)

mit etw. ~

• 그 회계연도는 손실로 끝난다.

▶ Das Geschäftsjahr *schließt mit einem Verlust ab*. (Es endet damit.)

mit jm. ~

• 나는 그 여자와의 관계를 끊었다.

▶ Ich *habe mit ihr abgeschlossen*. (모델, 27쪽)

anschließen

• 그는 자전거를 정원울타리에 묶었다.

▶ Er *hat* das Fahrrad *an den Gartenzaun angeschlossen*. (모델, 114쪽 참조)

• 나는 한 질문에 다른 한 질문을 덧붙이고 싶다.

▶ Ich möchte *einer Frage/an eine Frage* eine weitere *anschließen*. (Ebd.)

sich ~

• 가축우리들이 집에 연달아 붙어 있다.

▶ *An das* Haus *schließen (sich)* Stallungen *an*. (Ebd.)

• 강연 뒤에 토론이 이어진다.

▶ *An den* Vortrag *schließt (sich)* eine Diskussion *an*. (Ebd.)

• 당신은 우리와 한 패가 되실 의향이 있으십니까?

▶ Wollen Sie *sich uns anschließen?* (Wollen Sie mit uns kommen?)

sich an jn./etw. ~

• 환영식에 이어 축제식사가 이어졌다.

▶ *An den Empfang schloss sich* ein Festessen *an*. (Nach dem Empfang folgte ein Essen.)

• 그는 낯선 사람들과 어울리는 것이 어렵다.

▶ Er *schließt sich* schwer *an fremde Menschen an*. (Er findet schwer Kontakt.)

aufschließen

• 그 가방을 열쇠로 여세요!

▶ *Schließen* Sie den Koffer *auf!* (Öffnen Sie den Koffer (mit einem Schlüssel)!)

• 체조선수들은 앞으로 나아가서 벌어진 간격을 메운다.

▶ Die Turner *schließen auf*. (Sie rücken auf. Sie schließen die Lücke.)

• 교사가 학생들에게 그 시의 의미를 설명했다.

▶ Der Lehrer *hat* den Schülern den Sinn des Gedichtes *aufgeschlossen*. (모델, 174쪽: übertr. 전의적 의미)

• 한 새로운 세계가 그에게 열렸다.

▶ Eine neue Welt *schloss sich* ihm *auf*. (Ebd.: Geh. 고상한 문체)

• 앞으로 다가오세요!

▶ Bitte *aufschließen!* (Bitte aufrücken!) (Langenscheidt, S. 84)

• 그 팀은 이 승리로 선두그룹에 도달했다.

▶ *Mit diesem Sieg schloss* die Mannschaft *zur Spitzengruppe auf*. (모델, 174쪽)

ausschließen

• 나는 아무도 예외로 제외하지 않는다.

▶ Ich *schließe* keinen *aus*. (Ich meine alle. Ich mache keine Ausnahme.)

• 전문가에 의한 시험은 모든 실수를 제외시킨다.

▶ Die Prüfung durch den Fachmann *schließt* alle Fehler *aus*. (Es kann keine Fehler geben.)

• 그는 여행에서 제외되었다.

▶ Er wurde *von der Reise ausgeschlossen*. (Er durfte nicht mitfahren.)

• 그들은 그를 정당에서 제명했다.

▶ Sie *schlossen* ihn *aus der Partei aus*. (모델, 213쪽)

beschließen

• 우리는 여름에 바다로 가기로 결정했다.

▶ Wir *beschlossen*, im Sommer ans Meer *zu* fahren. (Wir entschieden uns für diese Reise.)

• 그들은 3일 더 머물기로 결정한다.

▶ Sie *beschließen*, noch drei Tage da*zu*bleiben. (모델, 287쪽)

*'...할 것을 결정하다'의 의미로 사용될 때에는 위 두 예문에서 보듯이 'Infinitiv mit *zu*'와 더불어 잘 온다.

• 국회는 그 법률을 다수결로 통과시킨다.

▶ Der Bundestag *beschließt* das Gesetz. (Es wird angenommen.)

• 그는 그의 인생을 한 훌륭한 요양지에서 마감했다.

▶ Er *beschloss* sein Leben in einem herrlichen Kurort. (Er verbrachte seine letzten Lebensjahre dort.)

einschließen

• 그 여배우는 그녀의 장식품을 자물쇠로 채워 보관한다.

▶ Die Schauspielerin *schließt* ihren Schmuck *ein*. (Sie sperrt ihn weg.)

• 적이 그 요새를 포위했다.

▶ Der Feind *hat* die Festung *eingeschlossen*. (Er hat sie umstellt.)

• 봉사료는 가격에 포함되어 있다.

▶ Die Bedienung ist *im Preis eingeschlossen*. (Langenscheidt, S. 267)

> **etw. ist in etw.(Dat)/bei etw. eingeschlossen* = 'etw. ist in einem bestimmten Preis schon enthalten 무엇이 어떤 가격에 이미 포함되어 있다' (Langenscheidt, S. 267)

• 나는 너를 내 기도에 포함시키겠다.

▶ Ich *schließe* dich *in mein Gebet ein*. (Ich bete für dich.)

entschließen

sich ~

• 그는 자신의 마음을 결정할 수가 없다.

▶ Er kann *sich* nicht *entschließen*. (Er weiß nicht, welche Möglichkeit er wählen soll.)

sich zu etw. ~

• 내 아버지는 한 채의 집을 짓기로 결심했다.

▶ Mein Vater *entschloss sich zum Bau* eines Hauses.

• 우리는 한 채의 집을 구입하기로 결심했다.

▶ Wir haben *uns entschlossen*, ein Haus *zu* kaufen. (Langenscheidt, S. 283)

*'상관사'(Korrelat) *dazu*가 여기에서는 생략되었다.

erschließen

• 그 늪은 경작/건축되도록 개간된다.

▶ Der Sumpf wird *zur Bebauung erschlossen*. (Die Bebauung wird möglich gemacht.)

• 경제장관은 독일 시장을 위해 새로운 나라들을 개척했다.

▶ Der Wirtschaftsminister *hat* neue Länder für den deutschen Markt *erschlossen*. (Er hat neue Absatzmärkte gefunden und geöffnet.)

sich ~

• 꽃이 핀다.

▶ Die Blüte *erschließt sich*. (모델, 612쪽: Geh. 고상한 문체)

• 이 작품은 이해하기가 몹시 어렵다.

▶ Diese Dichtung *erschließt sich* sehr *schwer*. (Ebd.)

• 너는 나에게 완전히 다 털어놓고 이야기했다.

▶ Du *hast dich mir* ganz *erschlossen*. (Ebd.)

• 나는 한 단어의 의미를 문맥관계에서 추론해내었다.

▶ Ich *habe* die Bedeutung eines Wortes *aus dem Textzusammenhang erschlossen*. (Ebd. 참조)

umschließen

• 물이 그 섬의 주위를 에워싼다.

▶ Das Wasser *umschließt* die Insel. (Es umgibt sie.)

verschließen

• 그 가방의 자물쇠를 채우라!

▶ *Verschließe* den Koffer! (Schließe ihn mit einem Schlüssel zu!)

sich jm. ~

• 그는 그 애의 소원을 들어주지 않았다.

▶ Er *hat sich* den Bitten des Kindes *verschlossen*. (Er reagierte nicht darauf.)

zuschließen

• 그 대학생은 그의 가방의 자물쇠를 잠근다.

▶ Der Student *schließt* seinen Koffer *zu*. (Er verschließt ihn.)

schreiben vs. abschreiben vs. anschreiben vs. aufschreiben vs. ausschreiben vs. beschreiben vs. einschreiben vs. gutschreiben vs. mitschreiben vs. niederschreiben vs. überschreiben vs. umschreiben vs. unterschreiben vs. verschreiben vs. vorschreiben vs. zuschreiben

schreiben, schrieb, geschrieben

• 선생님의 글씨체/문체가 좋다.

▶ Der Lehrer *schreibt* gut. (Er hat eine gute Handschrift; oder: Sein Stil ist gut.)

• 그 작가는 소설 한 편을 저술했다.

▶ Der Dichter *schrieb* einen Roman. (Er verfasste ihn.)

• 나는 내 친구에게 편지 한 개를 쓴다.

▶ Ich *schreibe* meinem Freund einen Brief.

an jn. ~

• 빌헬름은 이 회사에 편지를 쓴다.

▶ Wilhelm *schreibt an diese Firma*. (Die Firma bekommt den Brief.)

über etw. ~

• 신문들은 그 정치가의 방문에 대해 많이 보도했다.

▶ Die Zeitungen *haben* viel *über den Besuch* des Staatsmannes *geschrieben*. (Sie berichteten darüber.)

von etw./jm. ~

• 그 교수님은 그의 아름다운 여행에 대해서 글을 썼다.

▶ Der Professor *schrieb von seiner schönen Reise*. (Er berichtete darüber.)

abschreiben

• 나는 그 비문/각명(刻銘)을 복사했다.

▶ Ich *schrieb* die Inschrift *ab*. (Ich kopierte sie.)

• 그는 거의 논문전체를 이웃사람에게서 베꼈다.

▶ Er *schrieb* fast den ganzen Aufsatz *vom Nachbarn ab*. (Langenscheidt, S. 15)

• 당신은 그 돈을 잃은 것으로 여기세요!

▶ Das Geld können Sie *abschreiben!* (Betrachten Sie es als verloren!)

• 나는 그 액수를 그녀의 계정에서 공제했다.

▶ Ich *habe* den Betrag *von ihrer Rechnung abgeschrieben*. (모델, 28쪽)

• 나는 내 친척들에게 편지로 초청을 취소했다.

▶ Ich *habe* meinen Verwandten *abgeschrieben*. (Ich sagte ihnen schriftlich ab.)

von jm. ~

• 그 학생은 그의 옆 학생의 것을 보고 커닝한다.

▶ Der Schüler *schreibt von* seinem Nachbarn *ab*. (Er macht die Arbeit nicht selbst.)

sich ~

• 그 분필이 빨리 닳는다.

▶ Die Kreide *schreibt sich* schnell *ab*. (Sie verbraucht sich schnell.)

anschreiben

• 선생님은 그 단어를 (칠판에) 쓴다.

▶ Der Lehrer *schreibt* das Wort (*an die Tafel*) *an*. (모델, 115쪽 참조)

• 회사에서 나에게 편지를 보냈다.

▶ Die Firma *schrieb mich an*. (Sie wandte sich an mich.)

• 그 여인은 그 상인에게서 외상으로 물건을 구입했다.

▶ Die Frau *hat bei dem Kaufmann anschreiben lassen*. (Sie kaufte auf Kredit.)

**anschreiben gelassen*대신에 *anschreiben lassen*을 쓰는 것을 '대체 부정형 Ersatzinfinitiv'이라고 한다.

aufschreiben

• 나는 내 자신을 위해 당신의 주소를 기록해두고 싶습니다.

▶ Ich möchte *mir* Ihre Adresse *aufschreiben*. (Ich will sie mir notieren.)

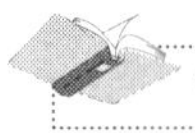

**mir*는 '이익의 3격 dativus commodi'으로서 'für mich'를 뜻한다.

• 그 경찰관은 그 운전수의 인적 사항을 적었다.

▶ Der Polizist *hat* den Autofahrer *aufgeschrieben*. (Er notierte das Kennzeichen; U.)

ausschreiben

• 제발 당신의 이름을 줄이지 않고 다 쓰십시오!

▶ Bitte *schreiben* Sie den Vornamen *aus!* (Bitte kürzen Sie ihn nicht ab!)

• 그 일자리 모집광고를 신문에 공고하십시오!

▶ *Schreiben* Sie *die Stelle* in der Zeitung *aus!* (Setzen Sie eine Anzeige in der Zeitung!)

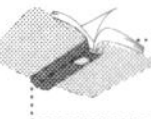

**Stelle*('자리')는 *Arbeitsstelle*('일자리')의 준말이다.

• 국가는 그 다리건설을 위한 건설회사들을 공모(公募)하였다.

➤ Der Staat *hat* die Arbeiten für den Brückenbau *ausgeschrieben*. (Baufirmen sollen sich bewerben.)

beschreiben

• 당신은 범인의 모습을 묘사할 수 있습니까?

➤ Können Sie den Täter *beschreiben?* (Können Sie sagen, wie er aussieht?)

• 그 책에서 그 연구자는 그의 여행을 서술하였다.

➤ In dem Buch *hat* der Forscher seine Reise *beschrieben*. (Er berichtete darüber.)

• 제발 나에게 그 길을 설명해주세요!

➤ *Beschreiben* Sie *mir* bitte *den Weg!* (Erklären Sie ihn mir!)

• 달은 그의 궤도를 공중에 그리며 간다.

➤ Der Mond *beschreibt* seine Bahn. (Er geht seinen Weg.)

einschreiben

• 나는 그 소포를 등기로 부친다.

➤ Ich *lasse das Paket einschreiben*. (Ich versichere es gegen Verlust.)

• 그 학생은 그의 지출을 한 권의 책에 기입한다.

➤ Der Schüler *schreibt seine Ausgaben in ein Buch ein*. (Er trägt sie ein.)

sich ~

• 그 대학생들은 그 대학에 등록했다.

▶ Die Studenten *haben sich* bei der Universität *eingeschrieben*. (Sie haben sich angemeldet.)

gutschreiben

• 그 은행이 그 액수를 당신 구좌의 대변에 기입했다.

▶ Die Bank *hat Ihnen die Summe gutgeschrieben.* (Sie buchte sie auf Ihr Konto.)

mitschreiben

• 그 속기사가 그 협상의 회의록을 작성했다.

▶ Der Stenograph *schrieb* die Verhandlung *mit*. (Er schrieb ein Protokoll.)

niederschreiben

• 그 학생은 그의 시도들의 결과를 기록해두었다.

▶ Der Schüler *hat* das Ergebnis seiner Versuche *niedergeschrieben*. (Er hat es schriftlich festgehalten.)

überschreiben

• 그 학생은 그의 작문에 "어떤 휴가날"이라고 제목을 붙인다.

▶ Der Schüler *überschreibt* seinen Aufsatz "Ein Ferientag". (Er gibt ihm eine Überschrift.)

• 아버지는 그의 아들에게 그 회사를 양도하였다.

▶ Der Vater *hat seinem Sohn die Firma überschrieben*. (Er gab sie ihm und ließ ihn als Inhaber eintragen.)

umschreiben: (trennb. u. untrennb.)

• 그 작가는 그 단편소설을 개작했다.

▶ Der Schriftsteller *schrieb* die Novelle *um*. (Er änderte sie.)

• 아들은 그의 부탁을 우회적으로 표현한다.

▶ Der Sohn *umschreibt* seine Bitte. (Er sagt sie nicht direkt.)

unterschreiben

• 사장은 그 우편물에 서명을 한다.

▶ Der Chef *unterschreibt* die Post. (Er schreibt seinen Namen darunter.)

• 너의 견해에 나는 동의할 수가 없다.

▶ Deine Ansicht kann ich nicht *unterschreiben*. (Ich teile sie nicht.)

verschreiben

• 그 의사는 나에게 약을 한 개 처방해주었다.

▶ Der Arzt *verschrieb mir eine Medizin*. (Er gab mir ein Rezept.)

sich ~

• 그 학생은 쓰기에서 실수를 저질렀다.

▶ Der Schüler *hat sich verschrieben*. (Er hat einen Fehler beim Schreiben gemacht.)

• 그는 악마와 결탁했다.

▶ Er *hat sich dem Teufel verschrieben*. (Er hat sich mit ihm verbündet; I.,U.)

vorschreiben

• 그 법률들은 우리가 무엇을 해야 하는지를 우리들에게 지시/규정한다.

▶ Die Gesetze *schreiben uns vor*, *was wir zu tun haben*. (Sie sagen es uns.)

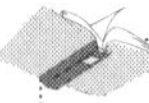

**zu tun haben*은 'tun müssen'을 뜻한다.

• 나는 너로부터 아무런 지시도 받지 않겠다.

▶ Ich lasse *mir nichts von dir vorschreiben!* (Ich lasse mir nichts befehlen.)

zuschreiben

• 당신은 그 실수를 당신자신의 탓으로 돌려야합니다.

▶ Sie *haben sich* den Fehler selbst *zuzuschreiben*. (Suchen Sie die Schuld bei sich selbst.)

**sich*는 3격이다. 왜냐하면 *jm. etw. zuschreiben*이 '무엇을 누구의 탓으로 돌리다'를 뜻하기 때문이다. 그러므로 다음 예문의 Rubens도 3격이다.

• 그 그림은 루벤스의 작품으로 간주되고 있다.

▶ Das Bild wird *Rubens zugeschrieben*. (Man denkt, dass er es gemalt hat, aber man kann es nicht beweisen.)

039

schwören vs. abschwören vs. beschwören vs. verschwören

schwören, schwor, geschworen

• 그는 서약/맹세한다.

▶ Er *schwört* einen Eid. (Er legt den Eid ab.)

• 그 소년은 복수를 맹세한다.

▶ Der Junge *schwört* Rache. (Er will sich rächen.)

• 나는 하느님 앞에서 맹세한다.

▶ Ich *schwöre bei Gott!* (Schwurformel)

auf jn./etw. ~

• 그 남자환자는 그의 의사를 무조건 신뢰한다.

▶ Der Kranke *schwört auf seinen Arzt*. (Er hat zu ihm blindes Vertrauen.)

• 나는 이 차를 가장 좋다고 여긴다.

▶ Ich *schwöre auf diesen Wagen*. (Ich bin von der Güte dieses Wagens überzeugt.)

sich etw. ~

• 그 신랑 신부는 서로에게 영원히 성실할 것을 맹세했다.

▶ Das Brautpaar *schwor sich* ewige Treue. (Sie versprachen, einander immer treu zu sein.)

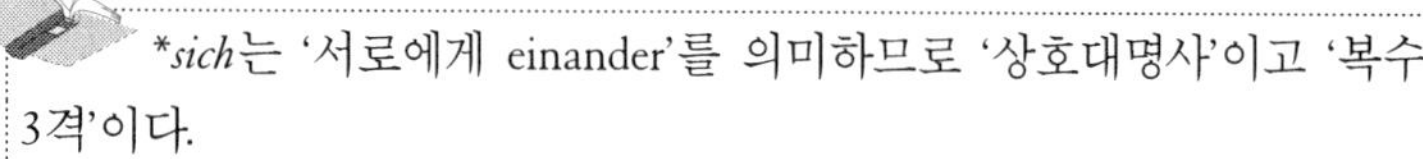

**sich*는 '서로에게 einander'를 의미하므로 '상호대명사'이고 '복수 3격'이다.

abschwören

• 그는 그의 죄를 맹세코 부정했다.

▶ Er *hat seine Schuld abgeschworen*. (Er hat geschworen, dass er unschuldig ist.)

• 그 남자는 술을 끊을 것을 맹세한다.

▶ Der Mann *schwört dem Alkohol ab*. (Er will nie mehr trinken.)

beschwören

• 그 증인은 자신의 진술이 진실함을 서약/선서한다.

▶ Der Zeuge *beschwört* seine Aussage. (Er bekräftigt sie mit einem Eid.)

• 나는 내 친구에게 이 남자와 만나지 말 것을 간청한다.

▶ Ich *beschwöre meinen Freund*, *sich* nicht *mit diesem Mann zu treffen*. (Ich bitte ihn sehr.)

**sich treffen mit jm.*은 '누구와 미리 약속하여 만나다'이다.

• 그 마술사는 죽은 사람들의 영혼을 마력으로 불러내려고 한다.

▶ Der Zauberer will die Toten *beschwören*. (Er ruft sie.)

verschwören

sich gegen jn. ~

• 사람들은 그 독재자에 반대하는 공모를 했다.

▶ Die Leute *haben sich gegen den Tyrannen verschworen*. (Sie verbünden sich gegen ihn.)

• 나에겐 아무것도 되는 일이 없었다.

▶ Es *hat sich* alles *gegen mich verschworen*. (Mir glückt nichts.)

sehen vs. absehen vs. aufsehen vs. aussehen vs. besehen vs. durchsehen vs. einsehen vs. entgegensehen vs. ersehen vs. hinabsehen vs. nachsehen vs. sattsehen vs. übersehen vs. umsehen vs. versehen

sehen, sah, gesehen

• 나는 그 산들을 본다.

▶ Ich *sehe* die Berge.

• 그 여행하는 남자는 창문 밖으로 내다봤다.

▶ Der Reisende *hat* aus dem Fenster *gesehen*.

• **아버지**는 **그 불행한 사건**이 다가오는 것을 보았다.

▶ Der Vater *hat* das Unglück *kommen sehen*.

*Der Vater가 일정한 사람을 가리키기 때문에 정관사가 있어도 우리말에서는 '아버지'라고 부르고, '그 아버지'라고는 말하지 않는다. 그에 반해 das Unglück은 '막연한 불행'이 아니라 '어떤 일정한 불행한 사건'을 가리킨다. 그러므로 '그'가 와야 한다. *hat kommen*다음에 *gesehen* 대신에 *sehen*이 오는 것을 '대체 부정형'(Ersatzinfinitiv)이라고 한다.

• 나는 당신을 만나게 되어 기쁘다.

▶ Ich freue mich, *Sie zu sehen*. (Begrüßungsformel)

• 우리는 언제 만나게 될까요?

▶ Wann *sehen* wir *uns?* (Wann treffen wir uns?)

• 사람들은 너무 어두워 바로 눈앞의 손도 볼 수 없었다.

▶ *Man konnte die Hand nicht vor den Augen sehen*. (Es war ganz dunkel; I.)

• 나는 그녀와 끝장이다.

Ich will sie nicht mehr *sehen*. (Ich bin fertig mit ihr. Ich will nichts von ihr wissen.)

• 나는 심사숙고해보겠다.

Ich will sehen. (Ich will es mir überlegen; U.)

• 다른 사람이 정말 무엇을 생각하는지 우리는 알 수 없다.

Man kann keinem Menschen ins Herz sehen. (Man kann nie wissen, was er wirklich denkt; I., U.)

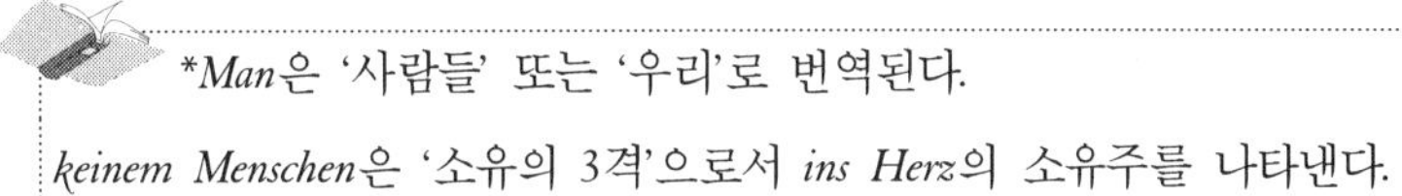

*Man*은 '사람들' 또는 '우리'로 번역된다.
*keinem Menschen*은 '소유의 3격'으로서 *ins Herz*의 소유주를 나타낸다.

• 이 학생을 잘 관찰해야 한다.

Diesem Schüler muss man *auf die Finger sehen*. (Man muss ihn gut beobachten; I., U.)

*Diesem Schüler*도 '소유의 3격'으로서 *auf die Finger*의 소유주를 나타낸다. 위 문장의 *Herz*와 *Finger*는 '신체의 일부'라는 공통성이 있다. 이렇게 '신체의 일부'나 '의복'이 올 때에만, '소유의 3격'을 쓸 수 있다.

• 그것을 나는 그로부터 기대한다.

Das sieht ihm ähnlich! (So etwas erwarte ich von ihm! U.)

absehen

• 한 새로운 전쟁의 결과는 예측할 수 없을 것이다.

Die Folgen eines neuen Krieges wären nicht *abzusehen*. (Man kann sie sich nicht vorstellen.)

• 그 소송은 언제 끝날지 아직 예측할 수 없다.

▶ Ein Ende des Prozesses *ist noch nicht abzusehen*. (Man kann noch nicht sagen, wann er zu Ende ist. Er dauert noch lange.)

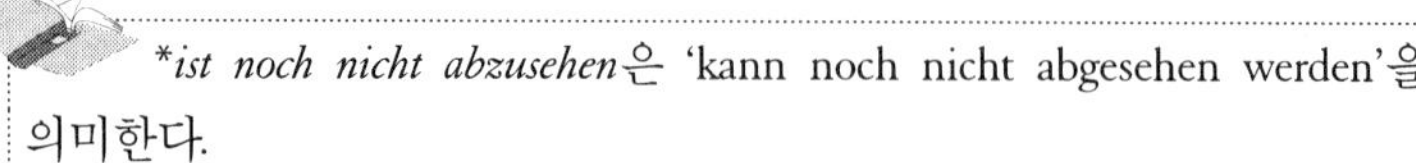

**ist noch nicht abzusehen*은 'kann noch nicht abgesehen werden'을 의미한다.

von etw. ~

• 그 경찰관은 고발을 그만두었다.

▶ Der Polizist *hat von einer Anzeige abgesehen*. (Er hat keine Anzeige gemacht.)

es auf etw. ~

• 그 개는 그 닭을 노렸다.

▶ Der Hund *hat es auf das Huhn abgesehen*. (Er will es unbedingt haben.)

ansehen

• 그는 나를 꼼꼼히 관찰했다.

▶ Er *sah mich* prüfend *an*. (Er betrachtete mich prüfend.)

• 사람들은 그 숙녀의 얼굴을 보고 나이를 알아차릴 수 없었다.

▶ Man *hat der Dame ihr Alter* nicht *angesehen*. (Man denkt, sie sei jünger.)

• 어머니는 그 애의 얼굴을 보고 거짓말하는 것을 알아차린다.

▶ Die Mutter *sieht es dem Kind an*, *wenn* es lügt.

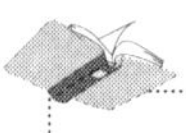

**es*는 *wenn*....를 주문장에서 미리 받아주는 '상관사'(Korrelat)이다.

• 나는 그를 내 친구로 간주하지 않는다.

▶ Ich *sehe* ihn nicht *als/für meinen* Freund *an*. (Langenscheidt, S. 57)

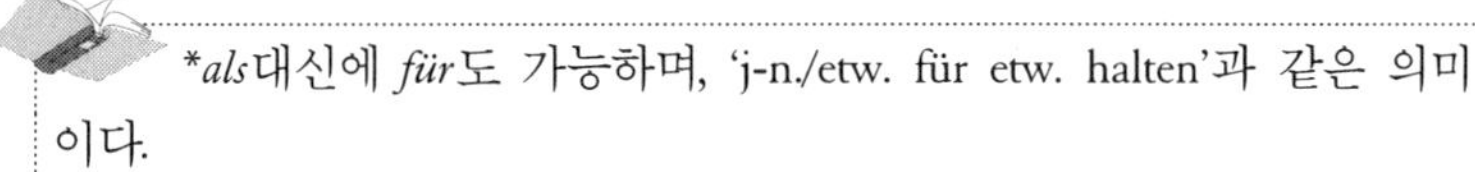

**als*대신에 *für*도 가능하며, 'j-n./etw. für etw. halten'과 같은 의미이다.

sich etw. ~

• 우리는 뮌헨을 샅샅이 관광했다.

▶ Wir *sahen uns München an*. (Wir besichtigten die Stadt.)

**sich*[3] *etw.*[4] *ansehen*은 '무엇을 주의 깊게 오래 관찰하다' 또는 '연극이나 운동경기를 관람하다'를 뜻하고, 이 때 *sich*[3]는 '샅샅이'와 같은 '강조'(Intensivierung)의 효과를 가진다. (Langenscheidt, S. 57참조)

etw. mit ~

• 나는 이런 동물학대행위를 가만히 보고만 있을 수는 없다.

▶ Ich kann diese Tierquälerei nicht *mit ansehen*. (Ich kann nicht ruhig zuschauen. Ich muss etwas dagegen tun.)

aufsehen

von etw. ~

• 그 노동자는 그의 일에서 고개를 쳐들어 본다.

▶ Der Arbeiter *sieht von seiner Arbeit auf*. (Er hebt den Blick.)

zu jm. ~

• 그 애는 그의 선생님을 존경했다.

▶ Das Kind *sah zu seinem Lehrer auf*. (Es hatte Respekt vor ihm; es verehrte ihn.)

aussehen

• 뮐러 부인은 아픈 것처럼 보인다.

▶ Frau Müller *sieht krank aus*. (Vielleicht ist sie krank.)

nach etw. ~

• 비가 곧 올 것 같다.

▶ Es *sieht nach Regen aus*. (Man glaubt, es wird bald regnen.)

wie etw. ~

• 그 금속은 금처럼 보인다.

▶ Das Metall *sieht wie Gold aus*. (Man weiß nicht, ob es Gold ist.)

besehen

sich[3] etw. ~

• 그 미술전문가는 그 그림들을 주의 깊게 관찰했다.

▶ Der Kunstkenner *besah sich die Bilder*. (Er schaute sie genau an.)

**sehen*과 *sich*[3] *besehen*의 의미상의 차이는 거의 없다. *sich*[3]는 생략이 가능하지만, 생략되지 않았을 때에는 *besehen*을 더욱 강조해서 '오래 그리고 주의 깊게'라는 뉘앙스를 첨가해준다. 즉 '강조'(Intensivierung)의 역할을 한다. (김경욱(1983, Würzburg): Valenz Und Wortbildung, S. 72 참조)

durchsehen

• 그 선생님은 공책들을 처음부터 끝까지 검열하였다.

▶ Der Lehrer *hat* die Hefte *durchgesehen*. (Er hat sie korrigiert.)

• 그 더러운 창문은 투명 유리가 아니다.

▶ Man kann durch das schmutzige Fenster nicht *durchsehen*. (Es ist undurchsichtig.)

einsehen

• 그 장관은 보고들을 들여다본다.

▶ Der Minister *sieht* die Berichte *ein*. (Er liest in ihnen.)

• 그 옥상 정원은 거리에서 들여다볼 수 없다.

▶ Die Terrasse kann von der Straße aus nicht *eingesehen* werden. (Man kann von der Straße nicht auf die Terrasse sehen.)

• 너는 네가 실수를 저지른 것을 깨달았니?

▶ *Hast* du *deinen Fehler eingesehen*? (Verstehst du, dass du einen Fehler gemacht hast?)

entgegensehen

• 사람들은 바짝 긴장하여 그의 방문을 기다린다.

▶ Man *sieht* mit Spannung *seinem Besuch entgegen*. (Man erwartet ihn gespannt.)

ersehen

etw. aus etw. ~

• 우리는 당신의 편지에서 ....을 알 수 있습니다.

▶ Wir *ersehen aus Ihrem Brief*....(Wir entnehmen Ihrem Brief.)

hinabsehen (hinuntersehen)

auf jn./etw. ~

• 우리는 탑에서 도시를 내려다보았다.

▶ Wir *sahen* vom Turm *auf die Stadt hinunter/hinab*.

• 너는 네가 너의 동료들보다 더 낫다고 생각하지마라!

▶ *Sieh* nie *auf deine Mitmenschen hinunter!* (Glaube nicht, dass du besser bist als sie!)

nachsehen

• 그는 출발하는 마차를 눈으로 배웅했다.

▶ Er *sah dem abfahrenden Wagen nach*. (Er sah hinter ihm her.)

• 그 기계공은 그 차를 검사/점검했다.

▶ Der Mechaniker *sah den Wagen nach*. (Er überprüfte den Wagen.)

• 사람들은 한 아이의 실수를 용서해준다.

▶ Man *sieht einem Kind Fehler nach*. (Man verzeiht sie ihm.)

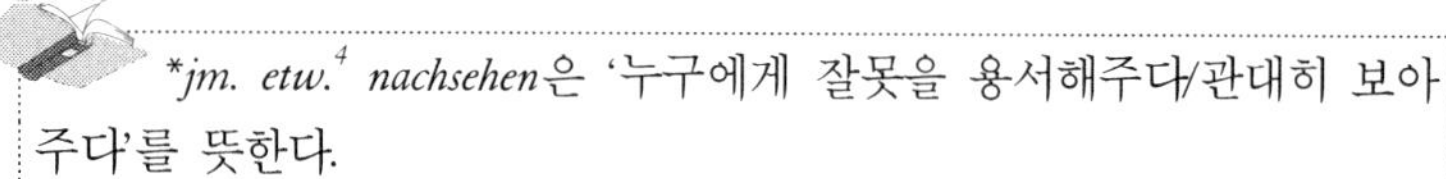

**jm. etw.*[4] *nachsehen*은 '누구에게 잘못을 용서해주다/관대히 보아주다'를 뜻한다.

• 그녀는 애들의 모든 버릇없는 행동들을 관대히 보아 넘긴다.

▶ Sie *sieht den Kindern alle Unarten nach*. (모델, 1445쪽)

• 그 책이 어디 있는지 찾아보아라!

▶ *Sieh nach, wo das Buch ist!* (Suche es!)

sattsehen

sich an etw. ~

• 그는 그 사진들을 아무리 보아도 물리지 않는다.

▶ Er kann *sich an den Bildern* nicht *sattsehen*. (Er kann nicht genug davon bekommen.)

übersehen: (untrennbar)

• 에펠 탑에서 파리 시 전체를 조망할 수 있다.

▶ *Vom Eiffelturm aus* kann man *ganz Paris übersehen*. (Er sieht die ganze Stadt.)

• 손실이 얼마나 큰지 아직 파악될 수 없다.

▶ Der Schaden *ist noch nicht zu übersehen*. (Man kann noch nicht sagen, wie groß er ist.)

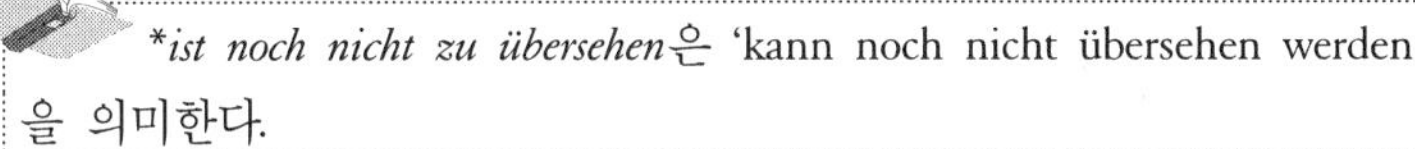

**ist noch nicht zu übersehen*은 'kann noch nicht übersehen werden'을 의미한다.

• 그 식자공이 한 실수를 간과했다.

▶ Der Schriftsetzer *hat* einen Fehler *übersehen*. (Er hat ihn nicht gefunden.)

• 나는 어제 뮬러 양을 길에서 알아보지 못해 인사를 하지 않았다.

▶ Ich *habe* gestern Frl. Müller auf der Straße *übersehen*. (Ich habe sie nicht gesehen und nicht gegrüßt.)

sich etw. übersehen: (trennbar)

• 너무 유행에 따르는 의상들은 너무 자주 보아 빨리 싫증이 난다.

▶ Zu modische Kleider *sieht* man *sich* schnell *über*. (Man bekommt bald genug davon.)

umsehen: (trennbar)

sich nach etw./jm. ~

• 그는 새 집을 한 채 찾아보았다.

▶ Er *sah sich nach einer neuen Wohnung um*. (Er suchte eine Wohnung.)

• 모든 남자들이 이 예쁜 소녀를 한 번 더 보기 위해 뒤돌아본다.

▶ *Nach diesem hübschen Mädchen sehen sich* alle Männer *um*. (Man sieht ihr nach.)

versehen

etw. mit etw. ~

• 그는 자신의 일을 잘 처리했다.

▶ Er *hat* seinen Posten *mit Sorgfalt versehen*. (Er hat seine Arbeit gut gemacht.)

• 그 배는 충분한 연료를 갖고 있다.

▶ Das Schiff *ist mit Treibstoff gut versehen*. (Es hat genug Treibstoff.)

sich ~

• 내가 잘못 보았다.

▶ Ich *habe mich versehen*. (Ich habe mich geirrt.)

*'실수로 잘못하다'의 의미로 풀이되는 일련의 '무연(無緣) 재귀구조'(unmotivierte Reflexivkonstruktion)인 '*ver*-동사'들이 있다: *sich verfahren, sich verfliegen, sich vergeben, sich vergreifen, sich verhören, sich verirren, sich verkalkulieren, sich verlesen, sich verschreiben, sich verwählen*('전화번호를 잘못 돌리다')....(김경욱(1983, Würzburg): Valenz und Wortbildung, S.182ff. 참조)

jn. mit etw. ~

• 나의 아버지는 나에게 충분한 돈을 주었다.

▶ Mein Vater *versah mich mit ausreichend Geld.* (Er gab mir genug Geld.)

041

senden vs. absenden vs. ausenden vs. einsenden vs. entsenden vs. übersenden vs. versenden

senden

(1) senden (stark: sandte, gesandt) - schicken '보내다/발송하다'

• 그 회사는 그 소포를 우편으로 보냈다.

▶ Die Firma *hat das Paket* mit der Post *gesandt.*

(2) senden (schwach: sendete, gesendet) - vom Rundfunk übertragen '중계하다'

• 그 방송국은 한 음악회를 중계했다.

▶ Der Rundfunk *hat ein Konzert gesendet.*

absenden

• 우리는 그 상품을 곧 발송한다.

▶ Wir *senden die Ware* sofort *ab*. (Wir schicken sie sofort.)

aussenden

• 그 교회들은 많은 선교사들을 파견했다.

▶ Die Kirchen *sandten viele Missionare aus*. (Sie setzten sie für die Mission ein.)

einsenden

• 당신은 이 기사를 그 신문에 기고하십시오!

▶ *Senden* Sie *diesen Artikel der Zeitung ein*. (Bieten Sie ihn ihr zum Druck an.)

entsenden

• 노동자들과 기술자들이 그 공장의 건설을 위해 아프리카로 파견되었다.

▶ Arbeiter und Ingenieure wurden *zum Bau* der Fabrik *nach Afrika entsandt*. (Man schickte sie dorthin.)

übersenden

• 그 회사는 나에게 그들의 상품목록을 보내준다.

▶ Die Firma *übersendet mir ihren Katalog*. (Sie schickt ihn mir zu.)

versenden

• 그 여행사는 희망자에겐 관광안내서들을 발송해주었다.

▶ Das Reisebüro *versandte* auf Wunsch *Prospekte*. (Es verschickte sie.)

042

sinnen vs. besinnen vs. entsinnen vs. ersinnen vs. nachsinnen

sinnen, sann, gesonnen

sinnen auf etw.

• 그는 복수를 꾀했다.

▶ Er *sann auf Rache*. (Er überlegte, wie er sich rächen könnte.)

gesonnen sein

• 그 수비선수/변호사는 굴복할 의사가 없다.

▶ Der Verteidiger *ist* nicht *gesonnen nachzugeben*. (Er will nicht nachgeben.)

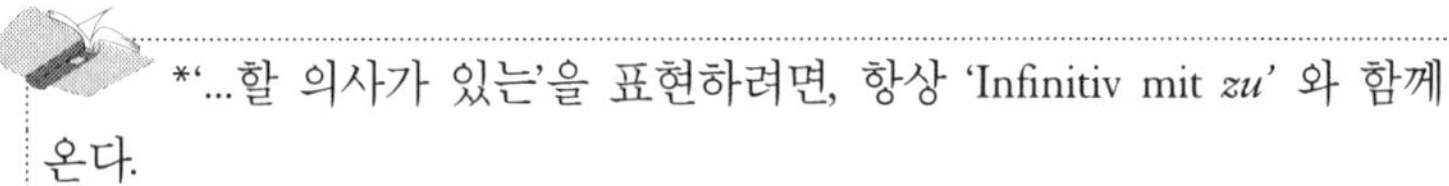

*'...할 의사가 있는'을 표현하려면, 항상 'Infinitiv mit *zu*' 와 함께 온다.

• 그는 나에 대해 호감을 가지고 있다.

▶ Er *ist mir freundlich gesonnen* (auch: *gesinnt*). (Er hat eine gute Meinung von mir.)

besinnen

sich ~

• 심사숙고해라!

▶ *Besinne dich!* (Sei vernünftig! oder: Denke nach! Erinnere dich!)

sich auf jn./etw. ~

• 나는 그의 이름을 기억할 수가 없다.

▶ Ich kann *mich* nicht *auf seinen Namen besinnen*. (Ich kann mich nicht daran erinnern.)

entsinnen

sich js./eines Dinges ~

• 그는 그 날을 정확하게 기억해 내었다.

▶ Er *entsann sich des Tages* genau. (Er erinnerte sich genau; lit.)

ersinnen

• 그 소년은 한 개의 거짓말을 생각/고안해내었다.

▶ Der Junge *ersann* eine Lüge! (Er dachte sie sich aus.)

nachsinnen

über etw. ~

• 그 소녀는 그 체험에 대해 심사숙고했다.

▶ Das Mädchen *sann über das Erlebnis nach*. (Es dachte darüber nach.)

sitzen vs. absitzen vs. aufsitzen vs. besitzen vs. dasitzen vs. festsitzen vs. nachsitzen vs. versitzen

sitzen, saß, gesessen

• 당신은 편안하게 앉아 계십니까?

▶ *Sitzen* Sie *bequem?*

• 그 늙은 남자는 일광욕을 했다.

▶ Der alte Mann *hat in der Sonne gesessen*. (Er sonnte sich.)

> **sitzen*은 자동사이지만 '동일한 상태의 지속'을 나타내기 때문에 *haben*과 더불어 완료형을 만들었다.

• 그 새는 나뭇가지 위에 앉아 있다.

▶ Der Vogel *sitzt auf dem Ast*.

• 그 닭은 알을 품어 병아리를 깠다.

▶ Das Huhn *saß auf den Eiern*. (Es brütete sie aus.)

• 그 옷은 어울리지 않는다.

▶ Das Kleid *sitzt nicht*. (Es passt nicht.)

• 그는 감방에 있다.

▶ *Er sitzt*. (Er ist im Gefängnis; U.)

~ auf etw.

• 그 부자는 인색하다.

▶ Der Reiche *sitzt auf seinem Geld*. (Er gibt nichts her. Er ist geizig; U.)

> *'돈을 깔고 앉아 있다'는 것에서 '돈을 잘 내놓지 않고 씀씀이가 인색하다'는 의미를 유추해낼 수 있다.

• 그 상인은 금전적으로 어려운 형편에 처해 있었다.

Der Kaufmann *saß auf dem Trockenen*. (Er hatte Geldschwierigkeiten; I.)

absitzen

• 그 범죄자는 그의 형기를 형무소에서 마쳤다.

Der Verbrecher *hat seine Strafe abgesessen*. (Er verbüßte sie; U.)

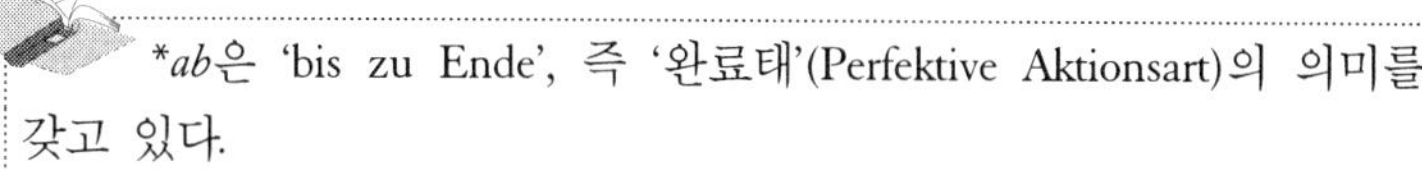
*ab*은 'bis zu Ende', 즉 '완료태'(Perfektive Aktionsart)의 의미를 갖고 있다.

aufsitzen

• 그 기수는 말에 올라탔다.

Der Reiter *saß auf*. (Er stieg auf das Pferd.)

• 나는 그녀석의 속임수에 넘어갔다.

Ich bin dem Burschen aufgesessen. (Er hat mich betrügen können; U)

besitzen

• 뮬러 씨는 한 아름다운 집을 소유하고 있다.

Herr Müller *besitzt* ein schönes Haus. (Es gehört ihm.)

• 그 업무대리인은 나의 신뢰를 받고 있다.

Der Prokurist *besitzt* mein Vetrauen. (Er hat es.)

dasitzen

• 그 외국인 남자는 돈이 한 푼도 없었다.

▶ Der Ausländer *saß ohne Geld da*. (Er hatte kein Geld. Die Lage war schwierig; U.)

festsitzen

• 그 차는 모래 속에서 꼼짝하지 않았다.

▶ Der Wagen *saß im Sand fest*. (Er konnte nicht weiter fahren.)

• 그 기술자는 그의 일에 아무런 진전이 없다.

▶ Der Techniker *sitzt mit seiner Arbeit fest*. (Er kommt nicht weiter.)

nachsitzen

• 칼은 벌로서 한 시간 더 학교에 남아 있어야 한다.

▶ Karl muss *eine Stunde nachsitzen*. (Er muss als Strafe eine Stunde länger in der Schule bleiben.)

versitzen

• 그 긴 자동차여행에서 나는 내 옷을 오래 앉아 있어서 꾸겼다.

▶ Bei der langen Autofahrt *habe* ich *mir mein Kleid versessen*. (Ich habe es zerdrückt.)

> **mir*는 뒤에 나오는 *mein Kleid*가 '의복'이기 때문에 올 수 있는 '의복의 소유주'를 나타내는 '소유의 3격'이다. '의복'외에는 '신체의 일부'일 때 '소유의 3격'이 올 수 있다.

• 나는 아침 내내 그 의사의 환자 대기실에서 (하는 일없이) 앉아서 시간을 보냈다.

▶ Ich habe *den ganzen Morgen* im Wartezimmer des Arztes *versessen*. (모델, 2233쪽)

sprechen vs. absprechen vs. ansprechen vs. aussprechen vs. besprechen vs. durchsprechen vs. entsprechen vs. freisprechen vs. mitsprechen vs. nachsprechen vs. versprechen vs. vorsprechen vs. widersprechen vs. zusprechen

sprechen, sprach, gesprochen

• 그 어린 사내아이는 태어나서 처음 말을 한다.

▶ Der Kleine *spricht die ersten Worte*.

**Wort*는 복수형이 두 가지가 있고, *Wort*의 복수가 *Wörter*이면 '단어들'을 뜻하고, *Worte*는 '말들'을 의미한다.

• 이 외국인 남자는 독일어를 유창하게 말한다.

▶ Dieser Ausländer *spricht fließend Deutsch*.

• 그 신부님은 기도문을 한 개 읽는다.

▶ Der Priester *spricht ein Gebet*. (Er sagt es feierlich.)

• 너는 옳은 말을 했다.

▶ Du *hast* ein wahres Wort *gesprochen*. (Du hast etwas sehr Richtiges gesagt; I.)

• 너는 내 생각과 똑 같은 것을 이야기하고 있구나.

▶ *Du sprichst mir aus dem Herzen*. (Du sagst, was auch ich denke; I.)

**mir*는 *aus dem Herzen*의 소유주를 나타내는 '소유의 3격 possessiver Dativ'이다.

für/gegen jn. ~

• 그 증거들이 피고의 무죄/유죄를 암시한다.

▶ Die Beweise *sprechen für/gegen die Unschuld des Angeklagten*. (Sie deuten auf seine Unschuld/Schuld hin.)

über etw./jn. ~

• 그는 그의 계획들에 대해 보고했다.

▶ Er *sprach über seine Pläne*. (Er berichtete darüber.)

zu jm. ~

• 나는 다른 사람이 아닌 바로 너를 뜻한다.

▶ Ich *spreche zu dir!* (Ich meine dich.)

• 그녀는 그녀의 남편과 새 세탁기를 한 대 구입하려는 데 대해서 대화한다.

▶ Sie *spricht mit ihrem Mann darüber, dass sie eine neue Waschmaschine kaufen will*. (KVL, S. 260)

• 그녀는 새 세탁기가 어떤 모양이어야 될 지에 대해 그와 대화를 나눈다.

▶ Sie *spricht mit ihm darüber, wie die neue Waschmaschine aussehen soll*. (KVL, S. 260)

• 그 장관은 증세(增稅)는 되지 말아야한다고 국회의원들에게 말했다.

▶ Der Minister *sprach zu den Abgeordneten darüber, dass Steuererhöhungen vermieden werden sollten*. (KVL, S. 260)

• 그 장관은 자신이 세금을 인상하려고 하는 지 또는 인상하지 않으려고 하는 지에 대해서는 국회의원들에게 말하지 않았다.

▶ Der Minister *sprach zu den Abgeordneten* nicht *darüber, ob er die Steuern erhöhen wollte oder nicht*. (KVL, S. 260)

*위 네 문장에서 *darüber*는 '생략할 수 없는 상관사(相關辭) obligatorisches Korrelat'이다.

• 그는 휴가여행에 대해 말했다.

Er *sprach davon, in die Ferien zu fahren*. (KVL, S. 260)

• 그는 자신이 관리가 되고자한다고 말했다.

Er *sprach davon, dass er Beamter werden wolle*. (KVL, S. 260)

• 그는 얼마나 자신이 그녀를 경멸하는 지에 대해 말했다.

Er *sprach davon, wie sehr er sie verachtet*. (KVL, S. 260)

*위 세 문장에서도 *davon*은 '생략할 수 없는 상관사(相關辭) obligatorisches Korrelat'이다.

absprechen

• **그** 사업가들은 계약조건들을 협정한다.

Die Geschäftsleute *sprechen* die Vertragsbedingungen *ab*. (Sie machen sie aus.)

*우리말에서는 독일어에서처럼 정관사의 사용이 엄격하게 준수되지는 않는다. 즉 '그'를 생략하는 경우도 많다.

• 나는 그에게 나를 비판할 권리를 인정하지 않는다.

Ich *spreche ihm das Recht ab, mich zu kritisieren*. (Ich gebe ihm das Recht nicht.)

• **그** 비평은 **그** 책의 모든 가치를 부인했다.

Die Kritik *sprach* ***dem*** *Buch jeden Wert ab*. (Sie sagte, es sei wertlos.)

*'어떤 일정한 책'이라는 사실이 중요할 때에는 독일어 정관사를 '그'로 반드시 번역해주어야 한다.

• 그가 어떤 매력을 가지고 있다는 사실을 부인할 수 없다.

▶ *Einen gewissen Charme* kann man *ihm* nicht *absprechen*. (Langenscheidt, S. 17: geschr.)

ansprechen

• 그 남자는 그 여자에게 말을 걸었다.

▶ Der Herr *hat die Dame angesprochen*. (Er hat mit ihr ein Gespräch begonnen.)

• 그 집이 내 마음에 든다.

▶ Das Haus *spricht an*. (Es macht einen guten Eindruck.)

**mich*가 생략되었다고 보아야 한다. *jn. ansprechen*이 'jm. gefallen'을 뜻하기 때문이다.

• 그 음악은 나를 감동시킨다.

▶ Die Musik *spricht mich an*. (Sie wirkt auf mich.)

• 그는 나에게 돈을 부탁했다.

▶ Er *sprach mich um Geld an*. (Er wollte Geld von mir haben.)

*'부탁하다'라는 의미로 *bitten*과 의미가 같으므로 *jn. um etw. bitten*과 같은 *jn. um etw. ansprechen*이란 '구문적 동사 결합가'를 보여준다.

aussprechen

- 러시아어는 발음이 어렵다.
  - Russisch *ist* schwer *auszusprechen*.

- 그 애는 축하의 인사말을 했다.
  - Das Kind *sprach seinen Glückwunsch aus*. (Es sagte ihn.)

sich ~

- 싸움 후에 우리는 화해했다.
  - Nach dem Streit haben wir *uns ausgesprochen*. (wir haben unsere Meinungsverschiedenheit beseitigt.)

- 내 말을 중단하지 마!
  - Lassen Sie *mich aussprechen!* (Unterbrechen Sie mich nicht!)

besprechen

- 그 일에 대해 다시 한 번 자세히 논의하자!
  - Wir *besprechen* die Sache noch! (Wir reden noch genau darüber.)

- 그 신문은 그 영화를 호의적으로 평했다.
  - Die Zeitung *hat* den Film gut *besprochen*. (Die Kritik war gut.)

durchsprechen

- 학생들은 선생님과 그 연극에 대해 상세히 토론했다.
  - Die Schüler *haben* mit dem Lehrer das Drama *durchgesprochen*. (Sie haben zusammen genau darüber gesprochen.)

entsprechen

• 그 호텔은 내가 예상한 그대로이다.

▶ Das Hotel *entspricht* meinen Erwartungen. (Es ist so, wie ich gedacht habe.)

freisprechen

• 법정은 피고를 무죄 방면했다.

▶ Das Gericht *hat* den Angeklagten *freigesprochen*. (Man erkannte seine Schuldlosigkeit an.)

mitsprechen

• 이 문제에 관해 나는 아직 발언권이 있다.

▶ In dieser Sache *habe* ich auch noch *ein Wort mitzusprechen*. (Ich habe hier auch etwas zu sagen. Ich muss gehört werden,)

nachsprechen

• 그 학생은 그 문장을 따라 읽는다.

▶ Der Schüler *spricht* den Satz *nach*. (Er wiederholt ihn.)

• 그는 자기 의견이 없다.

▶ Er *spricht alles nach*. (Er hat keine eigene Meinung.)

versprechen

• 딸은 어머니에게 그렇게 늦게 집에 오지 않겠다고 약속한다.

▶ Die Tochter verspricht der Mutter, nicht so spät nach Hause zu kommen. (Sie sagt, sie wird bestimmt bald kommen.)

• 우리는 좋은 날씨를 예상할 수 있다.

▶ Das Wetter *verspricht* gut zu werden. (Wir können mit gutem Wetter rechnen.)

• 그는 자신이 지킬 수 있는 것보다 더 많은 것을 약속한다.

▶ Er *verspricht das Blaue vom Himmel herunter*. (Er verspricht mehr, als er halten kann; I., U.)

sich ~

• 그는 실언했다.

▶ Er *hat sich versprochen*. (Er sagte aus Versehen ein falsches Wort.)

• 우리 애들은 서로 약혼한 사이이다.

▶ Unsere Kinder *sind miteinander versprochen*. (Sie sind verlobt.)

vorsprechen

• 선생님은 학생들에게 그 시를 읽는 법을 보여주었다.

▶ Der Lehrer *sprach* den Schülern das Gedicht *vor*. (Er zeigte ihnen, wie es gesprochen werden muss.)

widersprechen

• 아들이 아버지에게 반대한다.

▶ Der Sohn *widerspricht* dem Vater. (Er hat eine andere Meinung und sagt sie.)

sich ~

• 그 뉴스보도들은 서로 모순된다.

▶ Die Nachrichten *widersprechen sich*. (Sie stimmen nicht überein.)

zusprechen

• 나는 그에게 용기를 북돋아준다.

▶ Ich *spreche* ihm Mut *zu*. (Ich ermutige ihn.)

• 그 집은 그에게 상속되었다.

▶ Das Haus ist *ihm zugesprochen* worden. (Er hat es erhalten; er hat es geerbt.)

045

stechen vs. abstechen vs. antechen vs. aufstechen vs. ausstechen vs. bestechen vs. erstechen

stechen, stach, gestochen

• 나를 벌 한 마리가 쏘았다.

▶ Mich *hat eine Biene gestochen*. (Ihr Stachel sitzt in meiner Hand.)

• 해가 쨍쨍 내리쬐고 있다.

▶ *Die Sonne sticht*. (Sie brennt sehr heiß.)

• 그 증기선이 바다로 물살을 가르고 나아간다.

▶ Der Dampfer *sticht in See*. (Er verlässt den Hafen.)

• 너는 오만불손하다.

▶ Dich *sticht der Hafer!* (Du bist zu übermutig; U.)

abstechen

von etw./jm. ~

• 그 그림은 다른 것들로부터 완전히 구별된다.

▶ Das Bild *sticht von den anderen ab*. (Es unterscheidet sich sehr.)

*'....로부터 구분되다'는 *sich unterscheiden von*이므로, *abstechen*도 같은 의미이므로 전치사 *von*이 온다.

anstechen

• 집주인이 새 맥주 통을 딴다.

▶ Der Wirt *sticht* ein Fass Bier *an*. (Er zapft es an; er beginnt ein neues Fass.)

aufstechen

• 그 의사가 화상으로 인해 생긴 물집을 바늘로 찔러서 열다.

▶ Der Arzt *sticht* die Brandblase *auf*. (Er öffnet sie mit einer Nadel.)

*'durch BV(=Basisverb) öffnen'으로 의미가 풀이되는 이 '조어그룹'에는 *aufbohren, aufbrechen, aufschieben, aufschlagen*등이 속한다.

ausstechen

• 중세에 사람들은 범죄인의 두 눈을 찔러서 뽑아내었다/실명케 했다.

▶ Im Mittelalter *stach* man *einem Verbrecher* die Augen *aus*. (Man machte ihn blind.)

**einem Verbrecher*는 '소유의 3격'으로서, 'die Augen의 소유주'를 나타낸다.

• 그 야심적인 직원은 그의 동료를 확실히 능가하여 축출하려고 시도했다.

▶ Der ehrgeizige Angestellte versuchte seinen Kollegen *auszustechen*. (Er wollte ihn übertreffen und verdrängen.)

• 그 소녀는 자신의 여자 친구를 아름다움에 있어 확실히 능가했다.

▶ Das Mädchen *stach* seine Freundin durch ihre Schönheit *aus*. (Sie stellte die Freundin in den Schatten.)

bestechen

• 그 증인은 피고에 의해 높은 액수로 매수당했다.

▶ Der Zeuge wurde von dem Angeklagten mit einer hohen Geldsumme *bestochen*. (Er wurde gekauft.)

• 그 여인은 매혹적이다.

▶ Die Frau *besticht* durch ihre Schönheit. (Sie macht Eindruck.)

• 그 생각이 나를 유혹했다.

▶ Der Gedanke *hat* mich *bestochen*. (Er hat mich verlockt.)

erstechen

• 그 죽은 남자는 칼에 찔려죽었다.

▶ Der Tote war *erstochen* worden. (Er war mit einem Messer getötet worden.)

stehen vs. abstehen vs. anstehen vs. aufstehen vs. ausstehen vs. beistehen vs. bestehen vs. bevorstehen vs. durchstehen vs. einstehen vs. eingestehen vs. entstehen vs. erstehen vs. feststehen vs. geradestehen vs. gestehen vs. nachstehen vs. nahestehen vs. überstehen vs. umstehen vs. unterstehen vs. verstehen vs. vorstehen vs. widerstehen vs. zustehen

stehen, stand, gestanden

• 나는 자리가 없어 서 있어야 했다.

▶ Ich musste *stehen*, weil kein Stuhl frei war.

• 별들이 하늘에 있다.

▶ Die Sterne *stehen* am Himmel. (Sie befinden sich dort.)

• 나를 방해하지 말고 떠나거라!

▶ *Steh* nicht *im Wege!* (Geh fort! oder: Störe mich nicht!)

• 그는 물구나무서기를 한다.

▶ Er *steht auf dem Kopf*. (Er macht einen Kopfstand.)

• 그 시계는 가지 않고 있다.

▶ Die Uhr *steht*. (Sie geht nicht.)

• 그 기사는 신문에서 읽을 수 있었다.

▶ Es *stand* in der Zeitung. (Man konnte es dort lesen.)

• 그 파종씨앗이 잘 싹터 올라와 있다.

▶ Die Saat *steht* gut. (Sie ist gut aufgegangen.)

• 그 옷이 그 숙녀에게 잘 어울렸다.

▶ Das Kleid *hat der Dame gut gestanden*. (Es kleidete sie.)

*gut은 '양태'를 나타내는 '부사적 동사보충어'로서 필수적 문장 성분이기 때문에 생략될 수 없다.

• 호르스트는 그의 약속을 지킨다.

▶ Horst *steht zu seinem Wort*. (Er hält sein Versprechen.)

• 우리는 장사진을 서서 기다렸다.

▶ Wir *haben Schlange gestanden*. (Wir warteten in einer Reihe hintereinander.)

• 그 공장은 불타고 있다.

▶ Die Fabrik *steht in Flammen*. (Die ganze Fabrik brennt.)

• 그는 도둑의 누명을 쓰고 있었다.

▶ Er *stand in dem Verdacht*, der Dieb zu sein. (Man hatte einen Verdacht gegen ihn.)

• 나는 한 영국인과 편지를 교환하고 있다.

▶ Ich *stehe mit einem Engländer in Briefwechsel*. (Wir schreiben uns.)

• 나는 내가 할 수 있는 모든 일을 한다.

▶ Ich tue, *was in meinen Kräften steht*. (Ich tue alles, was ich kann.)

• 그는 장군의 계급을 갖고 있다.

▶ Er *steht in dem Rang eines Generals*. (Er hat den Rang.)

• 나는 너를 도울 준비가 되어 있다.

▶ Ich *stehe dir zur Verfügung*. (Ich habe Zeit für dich. Ich bin bereit, dir zu helfen.)

• 내 친구는 항상 내 편이다.

▶ Mein Freund *steht mir* treu *zur Seite*. (Er hilft mir; er hält zu mir; I.)

• 나는 깜짝 놀랐다.

▶ *Mir stehen die Haare zu Berge!* (Ich bin entsetzt; U.)

• 그 젊은 남자는 경제적으로 이미 자립해 있다

▶ Der junge Mann *steht* schon *auf eigenen Füßen*. (Er verdient sich selbst, was er braucht; I.)

• 그는 아무 발언권이 없고, 부인이 시키는 대로 한다/공처가이다.

▶ Er *steht unter dem Pantoffel*. (Er hat nichts zu sagen. Seine Frau regiert. I., U.)

sich ~

• 내 누이는 수입이 좋다.

▶ Meine Schwester *steht sich gut*. (Sie hat ein gutes Einkommen.)

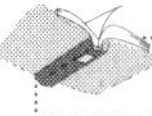

*gut은 '양태'를 나타내는 '부사적 동사보충어'이다.

sich mit jm. ~

• 내 이웃과 나는 사이가 좋다.

▶ *Mit meinen Nachbarn stehe* ich *mich gut*. (Wir verstehen uns gut. Wir haben keinen Streit.)

abstehen

• 그의 귀들은 머리에 바짝 붙어있지 않고 쫑긋 세워져 있다.

▶ seine Ohren *stehen ab*. (Sie sind nicht dicht am Kopf.)

anstehen

• 아들은 아버지를 비판할 권리가 없다.

▶ **Es** *steht dem Sohn nicht an*, den Vater *zu* kritisieren. (Er hat kein Recht dazu; lit.)

> ***Es**는 den Vater *zu* kritisieren을 주문장에서 미리 받아주는 '상관사'이다.

• 그 일을 빨리 해치워라!

▶ Lass die Arbeit nicht *anstehen!* (Mache sie gleich! Lasse sie nicht liegen!)

nach etw. ~

• 사람들은 극장표를 사기위해 긴 줄을 서 있다.

▶ Die Leute *stehen nach Theaterkarten an*. (Sie bilden eine lange Reihe vor der Kasse.)

aufstehen

• 일어 서!

▶ *Steht auf!* (Erhebt euch!)

• 오늘 나는 일찍 일어났다.

▶ Heute *bin* ich früh *aufgestanden*. (Ich habe das Bett früh verlassen.)

gegen jn. ~

• 국민들은 그 독재자에 대해 봉기했다.

▶ Das Volk *stand gegen den Diktator auf.* (Es machte Revolution gegen ihn.)

ausstehen

• 우리의 제안에 대해 아직 대답이 나오지 않고 있다.

Die Antwort *auf unser Angebot steht* noch *aus*. (Es ist noch nicht beantwortet worden.)

• 그 병든 남자는 참을 수 없는 고통들을 견뎌내고 있었다.

Der Kranke *stand* unerträgliche Schmerzen *aus*. (Er litt an starken Schmerzen.)

• 나는 이 사람을 전혀 좋아하지 않아!

Ich kann diesen Menschen nicht *ausstehen*. (Ich mag ihn gar nicht. Er ist mir unangenehm.)

beistehen

• 내 친구들이 나를 도와주었다.

Meine Freunde *haben mir beigestanden*. (Sie halfen mir.)

bestehen

• 그 회사는 창립한지 50년이 지났다.

Die Firma *besteht seit* 50 Jahren. (Es gibt sie seit dieser Zeit.)

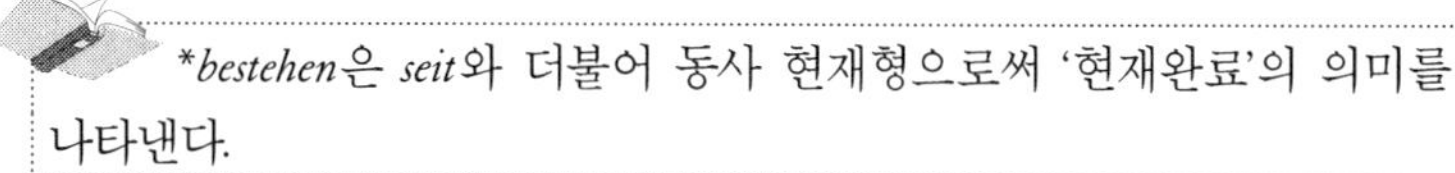

**bestehen*은 *seit*와 더불어 동사 현재형으로써 '현재완료'의 의미를 나타낸다.

• 이 대학에는 제약학을 공부할 가능성이 있는가?

Besteht an dieser Universität die Möglichkeit, Pharmazie zu studieren? (Gibt es diese Möglichkeit?)

*an dieser Universität*는 '숙어적 결합'(*Ich arbeite an dieser Universität.*)으로서 '어떤 대학에서 가르치거나 공부하는 것을 나타내고', *in dieser Universität*는 '대학 안'이라는 '구체적 공간'을 나타내는 의미적 차이가 있다. *Es gibt viele Computer in dieser Universität.*

auf etw. ~

• 나는 교장/사장에게 직접 말할 것을 요구한다.

Ich *bestehe darauf, den Direktor selbst zu sprechen*. (Ich will es unbedingt. Ich verlange es.)

*darauf*는 '생략할 수없는 상관사 obligatorisches Korrelat'로서, 뒤에 오는 *den Direktor selbst zu sprechen*을 주문장에서 미리 받아주는 역할을 한다.

• 그는 고집이 세다.

Er *besteht auf seinem Kopf*. (Er ist eigensinnig. I.)

aus etw. ~

• 그 집은 세 개의 방들로 이루어져 있다.

Die Wohnung *besteht aus drei Zimmern*. (Sie hat drei Zimmer.)

• 그 기둥들은 대리석으로 만들어져 있다.

Die Säulen *bestehen aus Marmor*. (Sie sind aus Marmor.)

in etw. ~

• 문제는 모든 대학생들을 위해 공부할 장소가 충분히 없다는 것이다.

Das Problem *besteht darin, dass es nicht genügend Studienplätze für alle Studenten gibt*. (Das Problem ist ...)

*darin은 '생략할 수 없는 상관사 obligatorisches Korrelat'로서, *dass es nicht genügend Studienplätze für alle Studenten gibt*를 주문장에서 미리 받아준다.

bevorstehen

• 우리는 곧 여행을 떠날 것이다.

▶ Unsere Abreise *steht bevor*. (Wir werden bald abfahren.)

durchstehen

• 이제 우리는 그 시험을 곧 끝내게 될 것이다.

▶ Jetzt *haben* wir die Prüfung *bald durchgestanden!* (Jetzt haben wir bald zu Ende gelitten!)

*한 사건이 미래의 어느 시점에 이미 완결되어 있을 것이라고 추측할 때 사용되는 미래완료형 시제는 현재완료형에 추측의 단어를 추가하여도 나타낼 수 있다:

Morgen wird er die Arbeit *beendet haben.*

= *Morgen hat* er die Arbeit *vermutlich beendet*.

einstehen

für jn./etw. ~

• 내가 그 손해를 배상하겠다.

▶ Ich *stehe für den Schaden ein*. (Ich bezahle ihn.)

• 내 친구가 나를 위해 보증을 섰다.

▶ Mein Freund *ist für mich eingestanden*. (Er garantierte für mich.)

eingestehen

• 그는 자신의 죄를 고백했다.

▶ Er *hat* seine Schuld *eingestanden*. (Er hat gesagt, dass er schuldig sei.)

entstehen

• 여기에 새 주택단지가 생겨난다.

▶ Hier *entsteht* eine neue Siedlung. (Hier wird sie gebaut.)

• 방청객들은 불안해졌다.

▶ Im Saal *ist* Unruhe *entstanden*. (Die Zuhörer sind unruhig geworden.)

erstehen

• 그는 두 켤레의 새 구두를 구입했다.

▶ Er *hat* zwei Paar neue Schuhe *erstanden*. (Er hat sie gekauft.)

feststehen

• 내가 함부르크로 차를 타고 가는 것은 확정되어 있다.

▶ **Es** *steht fest, dass ich nach Hamburg fahre*. (Es ist ganz sicher.)

*Es는 *dass.....*를 받는 '상관사 Korrelat'이다.

geradestehen

für jn./etw. ~

• 나는 나의 친구를 위해 보증을 선다.

▶ Ich *stehe für meinen Freund gerade*. (Ich bürge für ihn.)

• 늦지 않게 배달해주는 것에 대해 내가 보증서겠다.

▶ *Für die rechtzeitige Lieferung stehe* ich *gerade*. (Ich garantiere dafür.)

gestehen

• 그는 자신이 한 개의 실수를 저질렀다고 고백한다.

▶ Er *gesteht, dass er einen Fehler gemacht hat*. (Er gibt den Fehler zu.)

nachstehen

• 여동생은 그녀의 업적들에 있어서 오빠에 뒤지지 않는다.

▶ Die Schwester *steht dem Bruder in ihren Leistungen nicht nach*. (Sie arbeitet so gut wie er.)

nahestehen

• 이 가족은 우리와 친하다.

▶ Diese Familie *steht uns nahe*. (Wir sind befreundet.)

überstehen: (trennbar und untrennbar)

• 그 지붕은 돌출해 우뚝 솟아 있다.

▶ Das Dach *steht über*. (Es ragt vor. Man kann sich darunter stellen.)

• 그는 그 병을 극복해내었다.

▶ Er *hat* die Krankheit *überstanden*. (Er ist nicht gestorben. Die Krankheit ist vorbeigegangen.)

umstehen

• 사람들은 불행한 일을 당한 그 남자의 주위를 빙 둘러싸고 서 있었다.

▶ Die Menschen *umstanden* den Verunglückten. (Sie standen um ihn herum.)

unterstehen

• 이 관직/직무는 재무부장관의 관할 하에 있다.

▶ Dieses Amt *untersteht dem Finanzminister*. (Er ist dafür zuständig und verantwortlich.)

sich etw. ~

• 감히 그런 말/일을 하시다니!

▶ *Was unterstehen Sie sich!* (Was erlauben Sie sich!)

verstehen

• 나는 당신의 말을 알아들을 수가 없습니다.

▶ Ich kann Sie nicht *verstehen*. (Sie sprechen zu leise; oder: Ich spreche diese Sprache nicht.)

• 나는 그의 생각들을 이해한다.

▶ Ich *verstehe* seine Ideen. (Ich begreife sie.)

• 그 가구공은 그의 일을 잘 안다.

▶ Der Tischler *versteht* seine Arbeit. (Er arbeitet gut.)

sich ~

• 그 형제자매는 서로를 잘 이해했다.

▶ Die Geschwister *verstanden sich* gut. (Sie stritten sich nicht.)

**sich*는 '*einander*'로 대치되고, 주어가 복수이므로 '서로'를 의미하는 '상호 대명사'이다.

• 그 가격들은 공장도 가격이다. 그러므로 운송료는 구입자가 부담해야 한다.

▶ Die Preise *verstehen sich* ab Fabrik. (Sie werden ab Fabrik berechnet. Transport ist nicht dabei.)

sich auf etw. ~

• 그는 장사를 잘 하는 재능을 갖고 있다.

▶ Er *versteht sich darauf*, *gute Geschäfte zu machen*. (Er hat dafür Talent.)

**darauf*는 '생략할 수 없는 상관사 obligatorisches Korrelat'로서, *gute Geschäfte zu machen*을 주문장에서 미리 받아준다. (VALBU, S. 805 참조)

vorstehen

• 그의 치아들은 앞으로 불쑥 튀어나와 있다.

▶ Seine Zähne *stehen vor*. (Sie sind nach vorn gewachsen.)

• 그 부인이 가사를 도맡아 한다.

▶ Die Frau *steht dem Haushalt vor*. (Sie führt ihn.)

widerstehen

• 그는 모든 유혹을 이겨냈다.

▶ Er *widerstand allen Versuchungen*. (Er blieb stark.)

• 나는 유혹을 이겨내지 못하고 그 옷을 사고 말았다.

▶ Ich *konnte nicht widerstehen und kaufte* das Kleid. (Der Wunsch war zu stark.)

• 오그랑 양배추가 나는 싫다.

▶ Wirsingkohl *widersteht mir*. (Ich esse ihn nicht gern.)

zustehen

- 그 소득은 내 몫이다.

▶ Der Gewinn *steht mir zu.* (Ich habe ein Recht darauf.)

- 당신에겐 비판할 권리가 없다!

▶ Eine Kritik *steht Ihnen* nicht *zu!* (Sie haben kein Recht zu kritisieren.)

047 stehlen vs. bestehlen vs. davonstehlen

stehlen, stahl, gestohlen

- 그 소녀는 그 반지를 훔쳤다.

▶ Das Mädchen *hat* den Ring *gestohlen.* (Es ist eine Diebin.)

- 그 소년은 모든 것을 훔친다.

▶ Der Junge *stiehlt wie ein Elster.* (Er stiehlt alles; I.)

- **지루한 수다**로 그는 모든 사람의 시간을 빼앗는다.

▶ Mit seinem langweiligen Gerede *stiehlt* er allen *die Zeit.* (Er nimmt sie ihnen; U.)

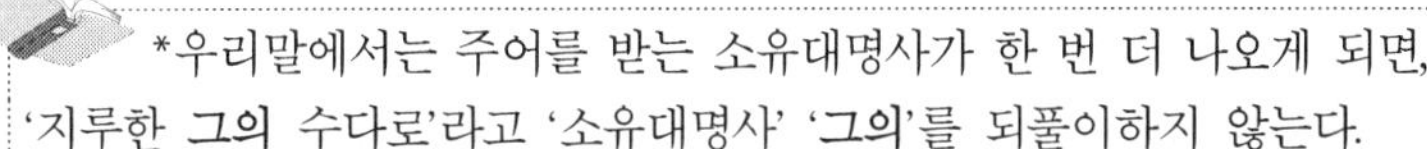

*우리말에서는 주어를 받는 소유대명사가 한 번 더 나오게 되면, '지루한 **그의** 수다로'라고 '소유대명사' '**그의**'를 되풀이하지 않는다.

bestehlen

- 그 소녀는 그녀의 여자 친구의 물건을 훔쳤다.

▶ Das Mädchen *bestahl seine Freundin*. (Es stahl ihr etwas.)

*stehlen은 '도둑맞는 물건'을 4격목적어로 취하고, *bestehlen*은 '도둑맞는 사람'을 4격목적어로 취한다.

*Mädchen*이 '중성명사'이기 때문에, *seine*로 받아주었지만, 우리말 번역에서는 '소녀'의 성이 여성이므로 '그녀의'로 번역했다.

davonstehlen

sich ~

• 나는 사람들에게 눈치 채이지 않고 몰래 그 장소를 떠나갔다.

▶ Ich *habe mich davongestohlen*. (Ich bin unbemerkt gegangen.)

048

steigen vs. absteigen vs. ansteigen vs. aufsteigen vs. aussteigen vs. besteigen vs. einsteigen vs. emporsteigen vs. übersteigen vs. versteigen vs. zusteigen

steigen, stieg, gestiegen

• 그 비행기는 공중으로 떠올라 간다.

▶ Das Flugzeug *steigt*. (Es hebt sich in die Luft.)

• 가격들이 올랐다.

▶ Die Preise *sind gestiegen*. (Sie wurden höher.)

• 기압계의 눈금이 올라간다.

▶ Das Barometer *steigt*. (Der Luftdruck nimmt zu. Das Wetter wird gut.)

• 소년들은 가을에 연을 날린다.

▶ Die Jungen lassen im Herbst Drachen *steigen*. (Sie lassen sie fliegen.)

• 그 화가는 사다리위로 기어 올라간다.

▶ Der Maler *steigt auf die Leiter*. (Er klettert hinauf.)

• 그 학생은 시험을 시작한다.

▶ Der Schüler *steigt in das Examen*. (Er beginnt eine Prüfung; U.)

• 나는 취기가 머리끝까지 확 달아오른다.

▶ Der Alkohol *steigt mir zu Kopf*. (Ich spüre den Alkohol; I.)

*mir는 '소유의 3격'으로서 Kopf의 소유주를 나타낸다.

absteigen

• 그 심부름꾼이 자전거에서 내린다.

▶ Der Bote *steigt vom Fahrrad ab*. (Er springt ab.)

• 나는 호텔 "로마"에서 방을 얻어 묵었다.

▶ Ich *bin* im Hotel "Rom" *abgestiegen*. (Ich habe dort ein Zimmer genommen.)

ansteigen

• 그 길은 천천히 가파르게 되었다.

▶ Der Weg *stieg* langsam *an*. (Er führte langsam in die Höhe.)

aufsteigen

• 안개가 피어오른다.

▶ **Der Nebel** *steigt auf*. (Er hebt sich.)

*__Der Nebel__에서의 정관사 **Der**는 **die Sonne**에서의 정관사 **die**처럼 '종속'(Gattung)을 나타낼 뿐이므로 '그'로 번역하면 옳지 않다.

• 주전자에서 수증기가 피어올랐다.

▶ Aus dem Kessel *stiegen* Dämpfe *auf*. (Sie erhoben sich.)

• 그가 나를 속였다는 의심이 내 마음속에 떠올랐다.

▶ *Der Verdacht ist* in mir *aufgestiegen*, *dass er mich getäuscht hat*. (Der Verdacht kam mir.)

zu etw. ~

• 뮬러 박사는 참사관으로 승진했다.

▶ Dr. Müller *ist zum Regierungsrat aufgestiegen*. (Er machte Karriere; er wurde befördert.)

aussteigen

• 모두 내리세요! 종착역입니다!

▶ *Alles aussteigen!* Endstation! (So ruft der Schaffner, und die Reisenden verlassen den Zug.)

• 나는 그 사업에서 손을 떼었다.

▶ Ich *bin aus dem Geschäft ausgestiegen*. (Ich habe mich zurückgezogen. Ich mache nicht mehr mit; U.)

*원래 *Ich bin* ***aus einem Auto*** *ausgestiegen.*이라고 하지만, '은유적 표현'(Metapher)/'전의적 용법'(übertragen)으로 위의 표현도 가능하다. 그러면 '차를 타고가다 내리듯이, 어떤 사업에 동참하다가 투자를 중단하고 손을 떼는 것'을 암시하게 된다.

besteigen

• 휴가 여행자들은 등산을 한다.

▶ Die Urlauber *besteigen die Berge*. (Sie klettern hinauf.)

**steigen auf den Berg*는 *besteigen den Berg*로 바뀌게 된다. 이것은 '*be*-동사'는 '4격 목적어'만을 동시보족어로 취하기 때문이다. 하나의 예외는 다른 목적어를 취할 수 없고 재귀대명사와만 결합하는 '순수재귀동사'('echtreflexive Verben' = 'unmotivierte Reflexivkonstruktion')에서 나타나는 '4격 재귀대명사'가 있지만 이들도 형태는 4격이다: *sich bedanken, sich betrinken.*

그에 반해 *Ich wasche meinen Sohn*에서 *meinen Sohn*자리에 *mich*가 와서 만들어진 *Ich wasche mich*와 같은 '유연 재귀구조'(motivierte Reflexivkonstruktion)도 있다.

• 그 왕위계승자가 왕위에 올랐다.

▶ Der Thronfolger *hat den Thron bestiegen*. (Er ist König geworden.)

einsteigen

• 그 침입자는 그 창문을 통해 집안으로 침입해 들어왔다.

▶ Der Einbrecher *ist* durch das Fenster *eingestiegen*. (Er kam durch das Fenster ins Haus.)

in etw. ~

• 나는 전차를 탔다.

▶ Ich *stieg in die Straßenbahn ein*. (Ich ging hinein.)

• 내 처남/자형이 그 사업에 참여했다.

▶ Mein Schwager *ist in das Geschäft eingetiegen*. (Er beteiligte sich daran; U.)

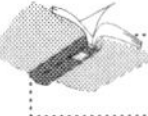

**aussteigen*처럼 '전의적/은유적 용법'으로 사용된다.

emporsteigen

• 연기가 공중으로 올라간다.

▶ Der Rauch *steigt empor*. (Er steigt gerade hinauf in die Luft.)

• 그 화가는 최고의 명성을 얻었다.

▶ Der Maler *ist zu höchstem Ruhm emporgestiegen*. (Er erwarb Ruhm; er wurde berühmt; lit.)

übersteigen

• 그 성과는 나의 기대를 넘어섰다.

▶ Der Erfolg *hat* meine Erwartungen *überstiegen*. (Er war größer als ich erwartete.)

• 그 일은 나에게 힘겹다.

▶ Die Arbeit *übersteigt* meine Kräfte. (Sie ist zu schwer.)

versteigen

sich ~

• 그 여행자들은 산을 오르다가 길을 잃었다.

▶ Die Wanderer *haben sich verstiegen*. (Sie verirrten sich beim Klettern.)

**sich versteigen*은 *sich verwählen*' 전화번호를 실수로 잘못 돌리다' 처럼 '등산에서 실수로 길을 잃다'를 뜻하고, 숙어적 결합이므로 '무연 재귀구조'이다. '실수로 잘못 ...하다'란 의미를 나타낼 때에는 이러한 *sich*가 항상 오게 된다.

• 너무 지나친 소원을 하지마라!

▶ *Versteige dich* nicht *in deinen Wünschen!* (Erwarte nicht zuviel!)

zusteigen

• 차장이 묻는다: "누가 방금 추가로 승차했습니까?"

▶ Der Schaffner fragt: "Wer *ist zugestiegen*?" (Wer ist noch eingestiegen?)

sterben vs. absterben vs. aussterben vs. ersterben vs. versterben

sterben, starb, gestorben

• 괴테는 1832년에 죽었다.

▶ Goethe *ist* 1832 *gestorben*.

an etw. ~

• 예전에는 많은 사람들이 흑사병으로 죽었다.

▶ Früher *starben* viele Menschen *an der Pest*. (Die Krankheit war der Grund.)

*'어떤 병으로 죽다'는 '전치사 *an* + 병이름(3격)'으로 나타낸다.

durch etw. ~

• 그 젊은 남자는 독살되었다.

▶ Der junge Mann *starb durch* Gift. (Er wurde vergiftet.)

vor etw. ~

• 그 애는 호기심이 나서 죽을 지경이다.

▶ Das Kind *stirbt vor Neugier*. (Es ist sehr neugierig; U.)

*우리말의 *배고파 죽겠다* = '배가 너무 많이 고프다'를 나타내듯이, 위 문장도 '너무 많이 호기심이 난' 상태를 강조한 표현법이다. 이 때 전치사 *vor*는 '원인'을 나타낸다. 그리고 *Mordshitze* = '살인적 무더위' ⇒ '혹서(酷暑)'도 비슷한 방법의 '과장법'이다.

• 그 강연동안에 나는 지루해서 죽을 번하였다.

▶ Während des Vortrags *bin* ich *vor Langeweile* fast *gestorben*. (Ich langweilte mich sehr.)

absterben

• 이 나무 가지는 죽었다.

▶ Dieser Ast *ist abgestorben*. (Er ist tot.)

• 내 손가락들이 핏기가 없어지고 무감각해진다.

▶ *Mir sterben* die Finger *ab*. (Sie werden blutleer und gefühllos.)

**Mir*는 '소유의 3격'으로서 '신체의 일부'인 die Finger의 소유주를 나타낸다.

aussterben

• 이 가족은 대가 끊긴다.

▶ Diese Familie *stirbt aus*. (Es gibt keine männlichen Nachkommen.)

*Familie는 형태는 단수이지만, 내용은 복수를 나타내는 '집합명사'이다.

• 많은 동물들은 이미 오래전에 멸종되었다.

▶ Viele Tiere *sind* längst *ausgestorben*. (Es gibt sie nicht mehr.)

ersterben

• 항구 속의 소음은 사라졌다.

▶ Der Lärm im Hafen *erstarb*. (Es wurde still.)

• 그녀는 경외심에 가득 차 누구를 쳐다보았다.

▶ Sie *ist vor Ehrfurcht* fast *erstorben*. (Sie sah zu jm. ehrfürchtig empor.)

versterben

• 이 회사의 주인은 작년에 작고하셨다/돌아가셨다.

▶ Der Inhaber dieser Firma *ist* im vorigen Jahr *verstorben*. (Er starb.)

**versterben*은 *sterben*의 '존대어'이다.

050

stoßen vs. abstoßen vs. anstoßen vs. ausstoßen vs. durchstoßen vs. einstoßen vs. verstoßen vs. vorstoßen vs. zurückstoßen vs. zusammenstoßen vs. zustoßen

stoßen, stieß, gestoßen

• 그 노동자들은 말뚝들을 땅속에 박아 넣는다.

▶ Die Arbeiter *stoßen* Pfähle *in die Erde*. (Sie rammen sie ein.)

• 그 복싱선수는 상대방의 배에 주먹을 가격했다.

▶ Der Boxer *hat dem Gegner die Faust in den Magen gestoßen*. (Er traf ihn hart.)

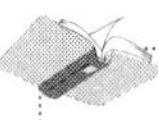

**dem Gegner*는 '소유의 3격'으로서, *Magen*의 소유주를 나타낸다.

• 어머니는 계피를 잘게 부수었다.

▶ Die Mutter *hat* Zimt *gestoßen*. (Sie hat ihn zerkleinert.)

• 너는 그 남자를 모욕했다.

▶ Du *hast den Mann vor den Kopf gestoßen*. (Du hast ihn gekränkt; I.)

• 너의 호텔방은 내 방과 붙어 있다.

▶ Dein Hotelzimmer *stößt an meines*. (Beide liegen nebeneinander.)

sich an etw. ~

• 베라는 이 사람의 불손함에 불쾌감을 느꼈다.

▶ Vera *stieß sich an der Unhöflichkeit dieses Menschen*. (Sie ärgerte sich darüber.)

auf etw. ~

• 그 원정은 어려움들에 봉착했다.

▶ Die Expedition *ist auf Schwierigkeiten gestoßen*. (Schwierigkeiten sind entstanden.)

• 땅을 파들어 가자 사람들은 예기치 않게 기름을 발견했다.

▶ Beim Bohren *ist* man *auf* Öl *gestoßen*. (Man hat Öl gefunden.)

abstoßen

• 그 보트대여자는 우리 보트를 밀쳐 떠나게 한다.

▶ Der Bootsverleiher *stößt* unser Boot *ab*. (Er gibt dem Boot einen Stoß.)

• 그의 무뚝뚝한 태도는 나를 불쾌하게 했다.

▶ Seine barsche Art *hat mich abgestoßen*. (Sie verletzte mich, sie war mir unangenehm.)

• 그 주식들을 팔아 치우세요!

▶ *Stoßen* Sie *die Aktien ab!* (Verkaufen Sie sie!)

anstoßen

• 내 방은 부엌에 인접해 있다.

▶ Mein Zimmer *stößt an die Küche an*. (Es liegt gleich neben der Küche.)

• 나는 책상모서리에 부딪쳤다.

▶ Ich *bin an der Tischkante angestoßen*. (Ich tat mir weh.)

• 내 집사람은 나의 주의를 어떤 것에 돌리기 위해 탁자아래에서 나를 발로 건드려 나에게 신호를 보냈다.

▶ Meine Frau *hat mich* unter dem Tisch *mit dem Fuß angestoßen*, um mich auf etwas aufmerksam zu machen.

• 나는 타인들에게 불쾌감을 주고 싶지 않습니다.

▶ *Ich möchte nicht anstoßen!* (Ich möchte nicht unangenehm auffallen; I.)

• 그 소년은 말할 때 항상 혀끝이 이에 닿는다.

▶ Der Junge *stößt* beim Sprechen immer *mit der Zunge an*. (모델, 120쪽) (Er hat einen Sprachfehler. Er lispelt.)

auf etw. ~

• 우리는 너의 건강을 위해 건배하려고 한다.

▶ Wir wollen *auf deine Gesundheit anstoßen*. (Wir trinken auf deine Gesundheit.)

ausstoßen

- 그 축구선수는 협회에서 추방되었다.

▶ Der Fußballspieler wurde aus *dem* Verein *ausgestoßen*. (Man warf ihn hinaus.)

- 그 여자는 고함을 질렀다.

▶ Die Frau *hat einen Schrei ausgestoßen*. (Sie schrie laut.)

durchstoßen: (trennbar und untrennbar)

- 적이 전선을 돌파했다.

▶ Der Feind *durchstieß* die Front. (Er durchbrach sie.)

- 그 미장이는 천정을 꿰찌른다.

▶ Der Maurer *stößt* die Zimmerdecke *durch*. (Er durchbricht sie.)

einstoßen

- 우리는 그 문을 힘껏 안으로 밀쳐 부수어 열었다.

▶ Wir mussten *die Tür einstoßen*. (Wir öffneten die Tür mit Gewalt.)

verstoßen

- 아버지가 그의 아들을 집에서 쫓아내어버렸다.

▶ Der Vater *hat seinen Sohn verstoßen*. (Er jagte ihn aus dem Haus.)

gegen etw. ~

• 그 운전수는 교통규정들을 위반했다.

▶ Der Fahrer *verstieß gegen die Verkehrsbestimmungen*. (Er handelte gegen das Gesetz.)

vorstoßen

in etw.[4] ~

• 그 탐험대는 알려지지 않은 지역들로 최초로 전진/진출해 나아갔다.

▶ Die Expedition *stieß in unbekannte Gebiete vor*. (Sie kam als erste dorthin; sie drang dort ein.)

*in etw.[4] vorstoßen*에서 Akkusativ etwas 가 오는 이유는 *vorstoßen* '전진하다'가 '이동'을 나타내기 때문이다.

zurückstoßen

• 내 친구는 화해의 손길을 거부했다.

▶ Mein Freund *stieß die Hand der Versöhnung zurück*. (Er lehnte eine Versöhnung ab.)

zusammenstoßen

mit jm. ~

• 길 모퉁이에서 자동차 한 대가 전차와 충돌했다.

▶ An der Ecke *stieß* ein Auto *mit einer Straßenbahn zusammen*. (Es gab einen Unfall.)

• 오늘 나는 나의 부서장과 의견충돌이 있었다.

▶ Heute *bin* ich *mit meinem Chef zusammengestoßen*. (Ich hatte Streit mit ihm.)

zustoßen

• 그 소년은 그 문을 발로 차서 닫았다.

▶ Der Junge *stieß die Tür zu*. (Er schloss sie mit dem Fuß.)

*전철 *zu*는 '닫힌 상태'를, 전철 *auf*는 '열린 상태'를 표현 한다. *eine Tür aufstoßen* 은 '문을 발로 차서 열다'를 뜻한다. (Langenscheidt, S. 86)

• 그에게 한 불행한 일이 일어났다.

▶ *Ihm ist* ein Unglück *zugestoßen*. (Ihm ist ein Unglück geschehen.)

051

streiten vs. abstreiten vs. bestreiten

streiten, stritt, gestritten

• 형제자매는 온 종일 싸웠다.

▶ Die Geschwister *stritten* den ganzen Tag. (Sie waren immer verschiedener Meinung.)

sich mit jm. ~

• 그들은 반대당과 서로 싸웠다.

▶ Sie *stritten sich mit der Gegenpartei*. (Sie diskutierten heftig.)

sich um etw. ~

• 친척들은 유산을 차지하려고 서로 싸웠다.

▶ Die Verwandten *stritten sich um das Erbe*. (Sie kämpften darum.)

sich über etw. ~

• 그것에 관해서는 이론이 있을 수 있다.

▶ *Darüber lässt sich streiten*. (Man kann verschiedene Meinungen haben.)

abstreiten

• 그 운전기사는 그의 잘못을 부인한다.

▶ Der Autofahrer *streitet seine Schuld ab*. (Er leugnet sie.)

bestreiten

• 그 수학자는 그 주장을 반박한다.

▶ Der Mathematiker *bestreitet die Behauptung*. (WV, S. 203)

• 그는 나를 본 것을 부인한다.

▶ Er *bestreitet, mich gesehen zu haben*. (Er will mich nicht gesehen haben.)

• 그는 자신이 영화관에 갔던 것을 부인한다.

▶ Er *bestreitet, dass er im Kino war*. (WV, S. 203)

• 그 대학생은 그의 학업/생계비를 과외로 충당했다.

▶ Der Student *hat sein Studium/seinen Unterhalt durch Nachhilfestunden bestritten*. (Er hat es so finanziert.)

*bestreiten*은 2 개의 다른 '의미 변이체'(Bedeutungsvariante)로 이루어져 있다. 첫째, 두 번째, 세 번째 예문은 '반박/부인하다'를 뜻하고, '4격 명사', 'Infinitiv mit *zu*', 'dass-문장'과 함께 올 수 있다. 반면에 넷째 예문은 '지불하다/충당하다'의 의미를 갖고 있고, '어떤 행위를 나타내는 4격 명사'가 주로 와서는 '그 행위에 필요한 경비'를 표현한다.

052

강변화 동사 *tragen*은 (VALBU)에서 인용했다. 왜냐하면 여기에 *tragen*의 '의미 변이체들'이 가장 체계적으로 잘 소개되어 있기 때문이다.

"tragen trägt-trug-hat getragen

tragen 1	etwas auf sich nehmen
tragen 2	etwas transportieren
tragen 3	etwas am Körper haben
tragen 4	die wichtigste Stütze von etwas sein
tragen 5	mit etwas versehen sein
tragen 6	etwas von unten stützen
tragen 7	etwas hervorbringen
tragen 8	trächtig sein
tragen 9	bewirken, dass der Bekanntheitsgrad von etwas sich ausdehnt
tragen 10	etwas ertragen
tragen 11	etwas bei sich haben
tragen 12	etwas so/als ein solches haben
tragen 13	ein Gewicht von irgendwieviel aushalten

tragen 1

• 의료보험이 그 비용을 부담한다.

▶ Die Krankenkasse *trägt* die Kosten.

tragen 2

• 내가 너를 위해 그 가방을 정거장으로 옮겨 주겠다.

▶ Ich *trage* [dir] den Koffer zum Bahnhof.

*[dir]는 dir가 '임의 첨가어(Angaben)'임을 나타낸다. 그리고 [dir]는 '이익의 3격 dativus commodi'으로서 'für dich'로 의미풀이가 된다.

tragen 3

• 우리 딸은 안경을 써야 한다.

▶ Unsere Tochter muss eine Brille *tragen*.

tragen 4

• 달라가 경기상승의 버팀목 역할을 하고, 경기상승이 산업의 중요한 버팀목이다.

▶ Der Dollar *trägt* den Aufschwung, der Aufschwung *trägt* die Industrie.

tragen 5

• 그 편지에는 어제의 날짜가 적혀 있다.

▶ Der Brief *trägt* das Datum von gestern.

tragen 6

• 불규칙적인 높은 기둥들이 쿠바 산 고급 건축용 목재로 만든 지붕을 받쳐주고 있다.

▶ Unregelmäßige hohe Säulen *tragen* ein Dach aus kubanischen Edelhölzern.

tragen 7

• 그 밭들은 밀을 생산/산출한다.

▶ Die Felder *tragen* Weizen.

• 우리 벚나무는 너무 늙어서 이제 [더 이상] 열매를 맺지 [않는다].

▶ Unser Kirschbaum ist zu alt und *trägt* [nicht mehr].

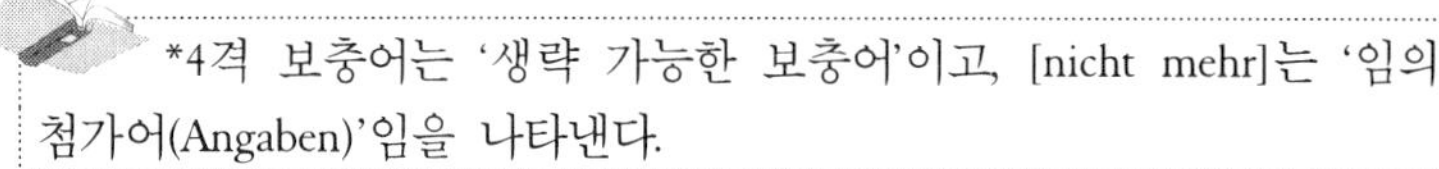

*4격 보충어는 '생략 가능한 보충어'이고, [nicht mehr]는 '임의 첨가어(Angaben)'임을 나타낸다.

tragen 8

• 그 수의사는 그 암말이 두 마리의 망아지를 임신하고 있음을 확인했다.

▶ Der Tierarzt hat festgestellt, dass die Stute zwei Fohlen *trägt*.

tragen 9

• 듀러는 이탈리아 르네상스의 이념들을 북쪽으로 전파했다.

▶ Dürer *hatte* die Ideen der italienischen Renaissance nach Norden *getragen*.

• 캄보디아로까지 확장된/파급된 베트남-전쟁은 혁명당원들에게 유리한 분위기를 만들어 주었다.

▶ Der Vietnam-Krieg, der auch *nach* Kambodscha *getragen wurde*, begünstigte das Klima für die Revolutionäre.

tragen 10

• 어머니는 그녀의 중병을 많은 인내를 가지고 견뎌내었다.

▶ Mutter *hat* ihre schwere Krankheit mit viel Geduld *getragen*.

• 그는 그의 노년을 침착/태연하게 견뎌내고 있다.

▶ Er *trägt* sein Alter mit Gelassenheit.

tragen 11

• 당신은 [항상] 당신의 여권 또는 당신의 신분증을 소지하고 있어야 한다.

▶ Sie müssen [immer] Ihren Pass oder Ihren Personalausweis *bei sich tragen.*

tragen 12

• 그녀는 그녀의 치마들을 짧게 입는다.

▶ Sie *trägt* ihre Röcke *kurz.*

tragen 13

• 그 다리는 여러 톤의 무게를 지탱한다.

▶ Die Brücke *trägt* mehrere Tonnen.

그 밖에 다음과 같은 '기능동사 구문(Funktionsverbgefüge)'의 일부를 이루는 '기능동사(Funktionsverb)'로도 사용된다.

(기능동사 구문)	(의미 설명)
etwas Rechnung tragen:	etwas berücksichtigen
(die) Schuld (an etwas) tragen:	an etwas schuldig sein
Sorge tragen, dass...:	dafür sorgen, dass
Verantwortung tragen:	verantwortlich sein

그 밖에도 다음과 같은 '관용구(Idiom)'의 구성요소로도 사용 된다.

(관용구)	(의미 설명)
Geld auf die Bank/Sparkasse tragen:	Geld sparen

etwas trägt Früchte:	etwas hat Erfolg
jemanden auf Händen tragen:	jemanden, meist weibliche Person, sehr verwöhnen
etwas trägt jemandes Handschrift:	etwas stammt erkennbar von jemandem
sein Herz auf der Zunge tragen:	alles sagen, was man denkt oder fühlt

[Geh.] *ein Kind unter dem Herzen tragen*: schwanger sein

etwas zur Schau tragen:	etwas zu deutlich sagen
schwer an etwas tragen:	an etwas sehr leiden
etwas trägt nicht:	etwas hat keine große Gültigkeit" (VALBU, S.720ff.)

강변화 동사 *ziehen*도 (VALBU)에서 인용했다. 왜냐하면 여기에 *ziehen*의 '의미 변이체들'이 가장 체계적으로 잘 소개되어 있기 때문이다.

"ziehen I zieht-zog-ist gezogen

*ziehen I의 과거분사형 ist gezogen은 ziehen I이 '장소의 이동을 나타내는 자동사'임을 나타내고. ziehen I의 의미는 '...로 이동하다'이다.

ziehen I (1)	sich irgendwohin begeben
ziehen I (2)	seinen Wohnsitz irgendwohin verlegen
ziehen I (3)	irgendwohin gelangen

ziehen 1 (1)

• 수천 명의 파업 투쟁하는 노동자들이 시내를 통과했다.

▶ Tausende von streikenden Arbeitern *zogen durch die* Stadt.

ziehen 1 (2)

• 마이어가족은 [이미 3주 전에] 함부르크로 이주했다.

▶ Meiers *sind* [schon vor drei Wochen] *nach* Hamburg *gezogen*.

*[schon vor drei Wochen]은 '시각'을 나타내는 '임의첨가어(Angabe)'이다.

ziehen 1 (3)

• [곧] 봄이 시골/고향에 도착한다.

▶ [Bald] *zieht* der Frühling *ins* Land.

ziehen II zieht-zog-hat gezogen

*ziehen II의 과거분사형 hat gezogen은 ziehen II가 ziehen 1과는 달리 타동사로서 '...을 끌다'임을 뜻한다.

ziehen II (1)	etwas hinter sich her fortbewegen
ziehen II (2)	etwas irgendwo herausholen
ziehen II (3)	die nötige Luft durchlassen
ziehen II (4)	etwas mit der Hand betätigen
ziehen II (5) <aus>	etwas aus etwas gewinnen
ziehen II (6)	dafür sorgen, dass sich etwas entwickelt
ziehen II (7)	etwas von etwas ableiten
ziehen II (8) <in>	durch Dehnen o.Ä. bewirken, dass sich etwas in etwas verändert bzw. so wird
ziehen II (9)	etwas fest halten und es irgendwohin holen
ziehen II (10)	etwas kräftig einatmen
ziehen II (11)	etwas anziehen
ziehen II (12)	in jemandem das Bedürfnis erwecken, sich irgendwohin zu begeben
ziehen II (13)	etwas entstehen lassen, das sich linienförmig erstreckt
ziehen II (14)	etwas irgendwohin steuern

ziehen II (15) <an>	etwas ergreifen und bewegen
ziehen II (16)	an etwas saugen
ziehen II (17)	die gewünschte Wirkung erzielen
ziehen II (18)	Farbstoff und Aroma an das Wasser abgeben

ziehen II (1)

• 얼마나 많은 화물차량을 한 개의 그러한 기관차가 끌 수 있느냐?

Wie viele Wagons kann eine solche Lokomotive *ziehen?*

ziehen II (2)

• 나는 그 이빨을 뽑아야 할까봐 두렵다.

Ich fürchte, ich muss den Zahn *ziehen*.

• [갑자기] 그 남자는 한 개의 연발권총을 그의 외투주머니에서 끄집어내었다.

[Plötzlich] *zog* der Mann einen Revolver aus seiner Manteltasche.

ziehen II (3)

• 그는, 그것(=그 파이프)이 [다시] 필요한 공기를 통과시킬 때까지, 아주 오래 파이프 안의 이곳저곳을 쑤셔대었다.

Er stocherte so lange in der Pfeife herum, bis sie [wieder] *zog*.

ziehen II (4)

• 누가 그 비상브레이크를 작동시켰는가?

Wer *hat* die Notbremse *gezogen*?

• 우리가 그 줄을 당기면, 낙하산은 펼쳐진다.

Wenn man die Leine *zieht*, öffnet sich der Fallschirm.

ziehen II (5) <aus>

• [검사단의 계산에 의하면] 그 3인조는 젊은 소녀들을 가지고 한 장사에서 200만 유로의 이익을 얻었다.

▶ [Nach Rechnung der Staatsanwaltschaft] hat das Trio *aus dem* Handel mit jungen Mädchen einen Gewinn von zwei Millionen Euro *gezogen*.

ziehen II (6)

• 전후에 나의 할아버지는 [발코니에서] 연초(煙草)를 재배했다.

▶ [Nach dem Krieg] *hat* mein Großvater [auf dem Balkon] Tabak *gezogen*.

ziehen II (7)

• 사람들은 과체중, 니코틴, 결핍된 운동이 심근 경색을 촉진시켰다는 사실을 알고 있었음에도 불구하고, [아직] 너무 적은 수의 사람들만이 그것에서 결론을 유추해내는 것 같다.

▶ Obwohl die Menschen wüssten, dass Übergewicht, Nikotin und mangelnde Bewegung den Herzinfarkt begünstigten, *zögen* [noch] zu wenige die Konsequenz *daraus*.

ziehen II (8) <in>

• [왜] 너는 너의 이마를 찡그려서 주름지게 하느냐?

▶ [Warum] *ziehst* du deine Stirn *in Falten?*

ziehen II (9)

• 그 부상자를 자동차에서 끌어내는 것을 나는 성공하지 못했다.

▶ Es gelang mir nicht, den Verletzten aus *dem* Auto *zu ziehen*.

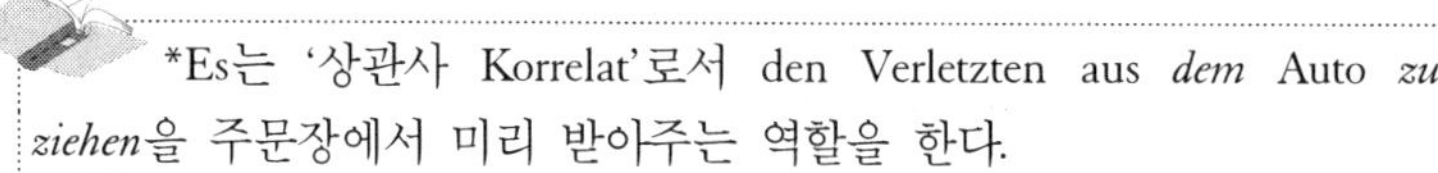

*Es는 '상관사 Korrelat'로서 den Verletzten aus *dem* Auto *zu ziehen*을 주문장에서 미리 받아주는 역할을 한다.

ziehen II (10)

• 담배연기를 폐 속으로 들이마시는 것은 아주 건강에 좋지 않다.

▶ Es ist sehr ungesund, den Zigarettenrauch *in die* Lunge zu *ziehen*.

ziehen II (11)

• 너의 푸른 스웨터를 셔츠위에 입어라!

▶ *Zieh* doch deinen blauen Pullover über das Hemd.

ziehen II (12)

• 누가 또는 무엇이 너를 그 곳으로 유혹하는가?

▶ Wer oder was *zieht* dich *dorthin?*

ziehen II (13)

• [저위 높은 곳에] 2 대의 비행기들이 푸른 하늘위에 항적운(航跡雲)을 발생시켰다.

▶ [Hoch oben] *zogen* zwei Flugzeuge Kondensstreifen über den blauen Himmel.

• 여선생님은 한 개의 큰 자를 잡아서 [칠판에] 악보의 선들을 그었다.

▶ Die Lehrerin nahm ein großes Lineal und *zog* [an der Tafel] Notenlinien.

ziehen II (14)

• 그 비행사는 그 비행기를 [다시] 더 높게 몰고 갈 수 있었다.

▶ Der Pilot konnte die Maschine [wieder] *in eine* größere Höhe *ziehen*.

• 충돌을 피하기 위해, 그는 우회전했고, 그곳에서 주차시켜놓은 한 대의 화물차에 충돌했다.

▶ Um einen Zusammenstoß zu vermeiden, *zog* er *nach* rechts und prallte dort auf einen abgestellten Lastwagen.

ziehen II (15) <an>

• 그 개는 줄을 [심하게] 물어 당겼다.

▶ Der Hund *zog* [heftig] *an* der Leine.

ziehen II (16)

• 경감은 [흥분해서] 그의 파이프를 빨았다.

▶ Der Kommissar *zog* [gereizt] *an* seiner Pfeife.

ziehen II (17)

• 나는 행진곡이 [오늘날] 젊은이들에게 매력이 있다고 생각하지 않는다.

▶ Ich glaube nicht, dass Marschmusik bei den jungen Leuten [heutzutage] *zieht*.

ziehen II (18)

• 그 차는 3분간 향을 방출한 다음에, 나에게 가장 맛있다.

▶ Wenn der Tee drei Minuten *gezogen hat*, schmeckt er mir am besten." (VALBU, 864ff.)

동사 ziehen의 Es zieht.는 다음 다섯 가지의 의미변이체로 사용된다.

es zieht-es zog-es hat gezogen
es zieht 1 Zugluft ist vorhanden
es zieht 2 es drängt etwas, sich irgendwohin zu begeben
es zieht 3 Zugluft strömt irgendwohin
es zieht 4 Zugluft trifft irgendwo auf
es zieht 5 Schmerzen treten irgendwo auf

es zieht 1

• 제발 그 문을 닫으세요. 바람이 들어오니.

▶ Machen Sie bitte die Tür zu, *es zieht*.

es zieht 2

• [가을에는] 황새들과 다른 철새들을 남쪽으로 몰고 간다.

▶ [Im Herbst] *zieht es* die Störche und andere Zugvögel nach Süden.

es zieht 3

• 제발 문을 좀 닫아주시겠습니까, 바람이 그 아기의 얼굴에 직접 불어 닥치니까.

▶ Würden Sie bitte das Fenster schließen, *es zieht* [dem Baby] direkt *ins* Gesicht.

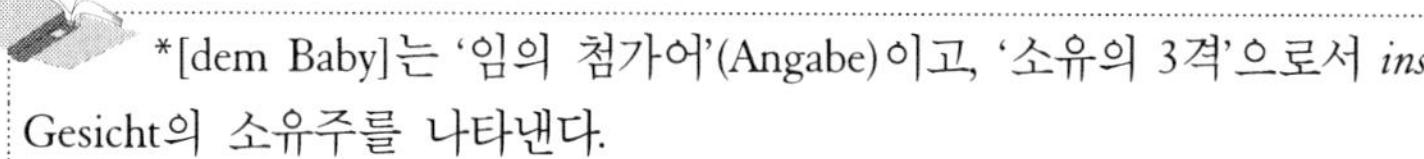

*[dem Baby]는 '임의 첨가어'(Angabe)이고, '소유의 3격'으로서 *ins* Gesicht의 소유주를 나타낸다.

es zieht 4

• [강렬하게] 머리에 바람이 불어 닥치면, 쉽게 콧물감기에 걸릴 수 있다.

▶ Wenn *es* [stark] *am* Kopf *zieht*, kann man sich leicht einen Schnupfen holen.

es zieht 5

• 나의 온 몸이 욱신거립니다. 의사선생님.

▶ *Es zieht* mir in allen Gliedern, Herr Doktor.

• 등에 통증이 있습니까? 아니면 어깨에 [더] 통증이 있습니까?

▶ *Zieht es* im Rücken oder [mehr] in den Schultern?" (VALBU, S. 868f.)